낭만 경주

낭만 경주

더 깊은 경주로 안내하는 가이드

서문

　나는 경주가 고향이다. 어릴 때부터 늘 왜 사람들이 경주로 수학여행을 올까 궁금했다. 우리처럼 서울로 가서 현대적 문물을 보거나, 제주도로 가서 기암괴석을 보지 않고, 여기에 오는 걸까? 첨성대는 반월성 오가는 길에 서 있는 초대형 틀라병쯤 되어 보였고, 반달 모양이라 반월성이라 불리는 신라 왕궁터 월성은 늘 백일장이나 사생대회가 열리는 곳이자 단골로 소풍을 갔던 곳인데, 수학여행으로 이런 걸 보러 올 일은 아니지 않은가 싶었던 것이다. 미당 서정주가 "나를 키운 것은 8할이 바람"이라고 했던 바, 지금에서야 나도 수줍게 "나를 키운 건 8할이 경주의 하늘과 산과 들"이라고 고백해야 하겠다. 좀더 정확하게 말하자면, 경주의 빛과 선과 색이 내 삶의 적지 않은 부분을 물들이고 있다는 사실을 뒤늦게 발견했다. 봄날의 벚꽃, 파릇한 왕릉의 풀색깔과 봉우리의 완만한 곡선, 저녁무렵 서쪽 하늘을 물들이는 노을과 산들의 실루엣, 포개지고 다시 포개지며 페이드아웃 되는 소나무 숲, 반월성의 빈 왕궁터와 산책길, 남천과 서천변을 따라 이어지다 끊어지다 다시 이어지는 산만한 길… 이런 풍경들이 형성하는 어떤 정서가 내 마음의 아래쪽에 깊이 가라앉아 있다는 것을 긴 시간이 지난 후에야 인정하게 되었다.

대학시절 이후 서울 생활을 오래 했고, 영국에서 삼 년 반, 미국에서 일 년을 살았다. 그 전후로 간간이 외국을 다녀보았다. 바깥을 보니 내부가 재평가되었고, 특히나 경주가 새롭게 보였다. 서양문명에 대한 위축감을 어느 정도 떨어버리고 나면, 나의 땅과 역사에 대해 자부심과 더불어 온갖 호기심이 발동한다. 몇 해 전 고향으로 다시 돌아와 구석구석 다녀 보기도 하고, 이것저것 찾아 읽기도 했다. 그 과정이 매우 즐거웠고, 만족스러웠다. 다시 돌아온 경주는 별로 변하지 않았지만, 꽤나 낯선 공간이기도 했다. 그 과정에서 나는 경주의 안과 밖을 가르는 경계선을 넘나들거나, 그 선 위에서 보는 경험을 종종 한다. 친근하다고 해서 잘 안다고 생각하지 않으려 노력했다. 익숙함이 무지의 근원이었다. 무엇을 모르는지 모르는 상태가 가장 문제일 터. 질문을 던지고 대답을 찾아보는 시도를 반복하며 글을 모았다. 남들이 잘 던지지 않는 질문을 해보고, 거기에 답이 될 내용을 스스로 준

비해 코기로 했다.

    이 작은 책에 담긴 글은 내가 2022년 상반기 3개월간 구독자들에게 보낸 글쓰기 프로젝트의 일부로 쓴 원고에 기반을 두고 있다. 그 내용을 초고 삼아, 내용을 보완하였고, 몇 장은 새롭게 썼다. 경주를 찾는 여행자들을 위한 여행 안내 책자는 적잖이 나와있다. 그 중에는 상당히 잘 쓴 것들이 있고, 몇 권은 나도 여기저기 추천을 하고 있다. 그러나, 이 책에 담긴 내용을 다루는 책은 잘 찾아볼 수 없었다. 전문성이나 희소성을 말하는 것이 아니라, 호기심의 종류와 방향을 말하는 것이다. 질문이 달라지면 대답도 당연히 달라진다. 난데없고 엉뚱한 질문을 던져보려 노력했다. 그런 대목이 재미있고, 의미있게 독자들에게 다가가면 좋겠다.

    이 책은 크게 두 부분으로 나뉜다. 첫 부분은 경주라는 시공간을 가능한 간명하게 소개하고자 했다. 한 해에 경주를 다녀가는 사람의 숫자는 어마어마하다. 그러나, 그 여행 패턴은 크게 바뀌지 않은 것 같다. 경주라는 시공간을 이해하기 위해 필요 최소한의 지식을 정리해 보았다. 여행 가이드북처럼 정보를 망라하려고 하지는 않았다. 오히려 지인들이 경주에 여행 오면 경주에 사는 로컬 토박이가 들려줄 법한 가성비 높은 지식과 정보를 선택과 집중의 원리에 따라 정리해 보았다. 실제로 내가 손님맞이를 하면 늘 들려주는 내용이다. 이 책을 읽고 나면 경주란 시공간에 대한 대략적인 그림이 그려질 것이다. 두번째 부분은 경주와 관련된 인물탐구다. 2,000년 역사에 경주를 거쳐간 유명인사들이 너무 많지만, 경주를 특별한 방식으로 돋보이게 만든 몇 사람에 주목했다. 경주에 와서 경치를 보고, 고적과 유물, 예술품들을 둘러보는 것도 좋지만, 나는 여행의 백미는 사람을 만나는 것이라 생각한다. 현재의 인물이 아닌 역사상의 인물을 만나기 위해 저마다 화두(話頭) 하나씩 품고 경주를 찾는 여행은 매력적이지 않은가? 나는 사람들이 경주를 너무 뻔한 곳이라 생각하지 않기를 바란다. 경주에 대해 말하는 사람들의 언어도 전형적이고 천편일률적인 내용을 반복하는 데에 머무르지 않았으면 좋겠다. 경주가 품고 있는 사람과 그들의 이야기는 앞으로도 한참은 더 파고들어볼 거대한 저수지 같다. 이 물길을 끌어다가 경주를 찾는 여행자들을 위한 '쪽샘' 하나 만들 수 있다면 더할 나위 없는 기쁨이겠다.

2022년 가을에

해리

목차

서문 5

01. 경주의 서정 13

황성옛터 13 신라의 달밤 15 나그네 18 낭만 20

02. 여행의 패러다임 25

경주여행의 풍경 25 수학여행 패러다임 28
관광여행 패러다임 31 개인여행 패러다임 33

03. 경주를 만든 시간 39

천년의 왕국 신라 39 일본이 만든 경주 44 경주의 오늘 50

04. 공간 여행(1) 경주 시내 53

경주 관광 3대 코스 53 경주 시내 추천 코스 58
꼭 가봐야 할 숲들 64

05. 공간여행(2) 경주 남산 69

남산의 4개 권역 70 신라인의 이상향 76

06. 천년 야사 <삼국유사> 81

필독의 교양서 81 일본에서 나온 삼국유사 83
기이한 이야기 85 거울 혹은 창문 89

07. 인물탐구(1) 조선의 메시아 93

동학의 발상지 경주 93 수운과 해월의 연대기 96
지금 동학을 주목할 이유 99

08. 인물탐구(2) 미친 존재감의 여행자 105

매월당, 경주에 오다 105 오 세 신동에서 방랑자로 106
금오신화 110 여행자의 전형 113

09. 인물탐구(3) 거리낌 없는 자유인 115

결국 원효로 수렴 115 동아시아의 괴물 사상가 117
요석공주와 파계승 121 경주를 찾을 이유 124

01.
경주의 서정

황성옛터

 돌아가신 할머니는 가끔씩 '황성 옛터'란 노래를 흥얼거리셨다. '황성 옛터에 밤이 되니 월색만 고요해'라는 첫 구절은 지금도 생생하게 귓가에 맴돈다. 그 노래 가사를 다 찾아본 것은 한참이나 나이가 든 이후의 일이다. 젊은 시절에는 전혀 트로트를 좋아하지 않았다. 요즘은 젊은 층에서 이 옛날 노래를 찾아 듣거나 그대로 따라 부르는 경우도 있어서 놀랐다. 거의 백 년 전 노래인데, 그 정서가 어떻게 통하는 것인지 경이롭다. 아이유 이후 밀레니얼 세대들이 7080 노래의 정서를 놀랄 정도로 잘 살려내더니, 이제는 더 오랜 옛날의 노래까지 섭렵하는 모양이다. 덕분에 일제 시대에 나온 노래를 갖고도 젊은 세대와 소통하는 데에 걸릴 것이 없다.

> 황성 옛터에 밤이 되니 월색만 고요해
> 폐허에 서린 회포를 말하여 주노라.
> 아아, 외로운 저 나그네 홀로이 잠 못 이뤄
> 구슬픈 벌레소리에 말없이 눈물져요.
>
> 성은 허물어져 빈터인데 방초만 푸르러
> 세상이 허무한 것을 말하여 주노라.
> 아아, 가엾다. 이 내 몸은 그 무엇 찾으려
> 끝이 없는 꿈의 거리를 헤매어 있노라.
>
> 나는 가리로다, 끝이 없이. 이 발길 닿는 곳
> 산을 넘고 물을 건너서 정처가 없이도
> 아아, 한없는 이 설움을 가슴 속 깊이 안고
> 이 몸은 흘러서 가노니 옛터야 잘 있거라.

나는 할머니가 즐겨 부르셨으니 당연히 '황성공원(皇城公園)'이 있는 경주, 즉 천년의 왕국 신라를 떠올리며 지어진 노래라 생각했었다. 사실 이 노래는 1928년 개성 만월대에서 고려의 패망을 떠올리며 왕평이 작사하고, 전수린이 작곡한 노래라고 한다. '황성'도 '황량해진 성(荒城)'이란 뜻이다. 당대의 유명가수 이애리수가 불렀고, 우리에게는 남인수가 부른 버전이 대중적으로 기억되고 있다. 그러나, 지금 우리는 어차피 개성에 갈 수 없다 보니 이 노래를 부른다고 고려의 멸망에 감정이입하기가 쉽지 않다. 노래가 태어난 일제시대에는 자연스럽게 진한 망국의 설움을 상기시킨 탓인지, 이 곡은 총독부의 금지곡 1호가 되는 운명을 겪는다.

나는 이 가사를 그대로 신라의 흥망에 포개어 감상해도 무방하고, 어쩌면 여러 면에서 너무 잘 맞다는 느낌을 받는다. 경주만큼 '황성 옛터'의 정서가 잘 살아나는 곳이 어디에 있겠는가? 서울에서 불러서야 그 맛이 살아날 리가 없다. 지금 우리나라에서는 고려의 패망도, 조선의 패망도 그런 감흥을 불러일으키지 못한다. 오직 경주에서만, 천 년의 왕국이 이렇게 무덤만 남기고 사라졌는가, 그런 회한에 사로잡혀서 흥망성쇠가 다 눈 깜짝할 사이에 지나가는 것이란 너무 늦게 찾아온 인생의 지혜를 되새김할 때 딱 맞는 노래다. '고요한 달빛 아래 잠 못 이루는…', '허무한 세상에서 끝이 없는 꿈의 거리를 찾아 헤매는…', '한없는 설움을 안고, 정처 없이 발길을 옮기는…' 결국 이 노래는 달빛 아래 깨어 상념에 잠긴 세상의 모든 '나그네'에게 바치는 서정시이고, 그 서정이 경주를 배경으로 울컥 솟아오르면 누구도 감당할 수 없는 울림을 주는 노래가 되는 것이다.

신라의 달밤

경주가 직접 호명되는 노래로는 '신라의 달밤'이 있다. 이 노래는 현인 선생의 독특한 바이브레이션 때문에 자주 우스꽝스럽게 불리곤 하지만, 잘 들어보면 중독성이 대단하고, 가사가 만만치 않은 희한한 노래다.

>아 신라의 밤이여
>불국사의 종소리 들리어 온다
>지나가는 나그네야
>걸음을 멈추어라
>고요한 달빛 어린
>금오산 기슭에서
>노래를 불러 보자
>신라의 밤 노래를
>
>아 신라의 밤이여
>화랑도의 추억이 새롭고나
>푸른 강물 흐르건만
>종소리는 끝이 없네
>화려한 천년 사직
>간 곳을 더듬으며
>노래를 불러 보자
>신라의 밤 노래를
>
>아 신라의 밤이여

아름다운 궁녀들 그리웁구나
대궐 뒤에 숲 속에서
사랑을 맺었던가
님들의 치맛소리
귓 속에 들으면서
노래를 불러 보자
신라의 밤 노래를

원래는 성악을 전공해서 일본 유학까지 했던 선생에게 작곡가 박시춘이 찾아와 집요하게 이 노래를 불러달라고 부탁을 했다고 한다. 이 노래가 대히트를 하는 바람에 현인 선생은 본격 가수의 길에 들어서서 수많은 명곡을 남긴 '트로트의 대부'가 되었다. 사실 그는 클래식은 물론 샹송과 팝송 등 서양 음악에 두루 능했던 터라 지금도 그의 노래를 꼼꼼히 듣다 보면 상당히 세련된 느낌을 받는다. 1947년 작품이니 해방 후에 나온 노래인데, 공교롭게도 원래 작사가가 쓴 가사는 '인도의 달밤'이라고 한다. 첫 가사가 '아 인도의 들이여, 마드라스 교회의 종소리가 울린다'였다니 놀랄 일이다. 그러고 보니 반주에서 인도 느낌을 살리려 한 인상이 없지 않다. 원 작사가 조명암이 월북하는 바람에 논란이 될 것을 우려한 작곡가 박시춘이 작사가 유호에게 요청해서 가사를 바꾼 것이 지금의 버전으로 되었단다.

'신라의 달밤'에서도 흥미로운 모티브를 발견한다. '달밤'

이라는 시간대, 화려했던 과거를 떠올리는 '향수에 젖은 나그네'는 '황성 옛터'에 이어 다시 등장한다. 신라는 결국 달밤에 호젓하게 걷는 나그네의 노래로 상기되는 감성에 터를 잡고 있다. 이 이미지는 너무나 깊어서 경주를 대신할 다른 가능성이 있을지 상상할 수 없을 정도다.

나그네

경주가 낳은 시인 박목월 역시 자신의 시 '나그네'(<청록집>, 1948)에서 경주의 풍광을 묘사하면서 그런 정서를 내비친다. 이 날렵하고 담백한 나그네의 서정은 동시대에 광범위한 울림을 가졌겠지만, 경주를 그 구체적 시공간으로 놓고 다시 음미하면 느낌이 새롭다.

강나루 건너서
밀밭 길을
구름에 달 가듯이
가는 나그네

길은 외줄기
남도(南道) 삼백리
술 익는 마을마다
타는 저녁놀

구름에 달 가듯이
가는 나그네

역사 '나그네'는 저녁놀 사이로 '구름에 달 가듯' 길을 가고 있다. 불국사 앞의 동리목월기념관에는 "나는 소년 시절을 달빛 속에서 자랐다면 지나치게 시적인 표현일 것이다 … 그 당시만 해도 신라의 고도로서의 폐허다운 애수를 짙게 간직하고 있었다. 40여 년 전, 경주는 달빛이 하얗게 비치는 골목길이 어린이들의 놀이터요, 풀이 우거진 봉황대나 잔디가 아름다운 왕릉이 어린이들의 생활 무대였다"는 목월의 회고가 전시관에 걸려있다. 경주를 대표하는 시인에게 끼친 '달'이란 심상의 영향력을 가늠해 볼 수 있을 것이다.

'달과 나그네'란 모티브는 경주를 언급하는 여러 문화예술 컨텐츠에서 반복적으로 발견된다. 경주를 포착하는 다양한 방식이 있을 것이다. 엄밀한 역사적 연구의 대상으로 삼든, 거기서 생산되는 경제적 부가가치의 크기로 평가하든, 한 해에 다녀가는 방문객의 숫자로 가늠하든 상관이 없지만, 나는 경주를 어떤 색깔, 어떤 느낌, 어떤 음악, 어떤 그림으로 포착할 수는 없을까 상상해 본다. 감각적으로 경주는 어떤 느낌으로 다가오는지 물어볼 때가 되지 않았을까? 생떽쥐베리의 '어린 왕자'가 어른들이 당연히 모자라고 생각한 것을 코끼리를 삼킨 보아뱀으로 본 것처럼, 우리는 눈 앞의 세계를 천편일률적으로 설명하고 있을 것이 아니라 새로운 시각으로 관찰하고, 묘사해볼 필요가 있다. 경주가 일정 따라 돌아다니느라 정신없고 부산스러운 관광지가 아니라, 현대인들이 다 잃어버리고 산다는 '자기 자신'을 향해 여행하고자 할 때 첫 손에 꼽힐 만한 곳이 될 수 있다면 얼마나 좋은가? 나는 경주가 그럴 만한 곳이라고 우겨볼 생각이다.

낭만

나는 경주의 독특한 분위기를 잘 설명해줄 수 있는 핵심을 세 가지로 요약할 수 있다고 생각한다. 첫째로, 경주는 '달' 아래서 가장 아름답다. 경주를 방문하는 지인들을 데리고 저녁 무렵에 시내를 걷기 시작하면 이내 서녘 하늘 능선에 걸린 저녁놀을 볼 수 있다. 그리고, 잠시 후면 어둠이 깔리면서 곳곳의 가로등에 불이 들어온다. 그 아래로 난 길을 따라 하염없는 산책이 가능하다. 가히 '달빛 기행'이라 부를 만한데, 이를 '야행'이라고 해도 좋고, '나이트 워크'라고 이름 붙여도 좋겠다. 함께 걸은 사람들은 늘 탄성을 질렀다. 동궁과 월지의 야경과 월정교의 야경은 이미 유명하지만, 반월성과 그 앞의 첨성대와 계림, 대릉원과 쪽샘고분공원, 봉황대 모두 밤에 조명이 들어온 이후의 모습이 훨씬 생기 있고 아름답다. <삼국유사>에 전하는 노래 '처용가'도 각 연이 "동경 밝은 달에 밤 이슥히 놀고 다니다가… 서라벌 밝은 달에 밤들이 노닐다가"로 시작된다. 서라벌의 달이 유난히 밝았던가? 그것은 알 수 없지만, 달이 뜬 서라벌의 밤에는 모든 것이 신비롭고 '달뜬' 느낌이었다고 누구나 쓰고 있는 것이 사실이다. 경주에 오는 여행자라면 서라벌의 달밤을 꼭 보아야 경주를 본 것일테다.

둘째로, 경주는 '나그네' 도시이다. 좀더 정확히 말하자면 '나그네 정서' 위에서 가장 잘 발견되고 새겨질 수 있는 도시다. '나그네'는 방랑자, 여행자, 떠돌이 등 고향을 떠나온 존재, 길 위의 존재로 다양하게 변주된다. 경주는 늘 외지인들이 유입되는 도시였다. 지금 경주에도 외국인 노동자들이 상당히 많이 이주해 와있다. 고려인, 조선족, 러시아, 동남아시아 여러 국가에서 온 이들이 경주 외곽의 공단에서 일을 하고 있다. 경주에도 다문화 사회의 느낌이 완연하게 나는 지역들이 차츰 생겨나고 있다. 그런데 이런 일은 현대에만 일어난 일은 아니었다. 훗날 신라가 되는 진한의 기원을 두고 중국 진나라의 유민이었을 것이라거나, 연나라 유민이었을 것이란 언급이 <삼국유사> 초반부에 등장한다. 신라 4대 탈해왕은 아예 일본의 용성국에서 건너온 아기가 커서 왕이 되었다고 기록한다. 동해 용의 아들이라고 기록된 처용은 아랍계가 아니었을까 짐작하기도 한다. 외국인들이 들어와 사는 일이 대수롭지 않게 기록되어 있을뿐 아니라, 외국으로 간 이야기도 많다. 연오랑과 세오녀 부부는 일본으로 건너가 왕이 되었다고도 한다.

신라시대 이래로 경주에 대한 가장 많은 기록은 여행자로 경주를 만난 이들이 남겼다. 지금도 그렇지 않은가? 경주를 여행한 이들이 생산하는 엄청난 양의 영상과 글, 그리고 그것들이 만들어내는 상호작용이 경주를 표상하는 빅데이터들이다. 경주는 그런 다양한 기억과 기록들로 표상되는 세계 속에 존재한다. 고대로부터 글로벌한 문화 교류를 예사롭게 해왔던 경주가 그런 특성을 이질적이라 여길 것이 아니라 원래부터 경주의 고유한 것이라고 인식할 때 경주는 더욱 경주다울 것이다. 경주는 '정주민'이 아니라 '나그네'의 정서에 더 깊이 터 잡고 있다고 평가하는 것이 더 역사에 부합할 것이다.

셋째로, '달과 나그네'만으로 경주는 완성되지 않는다. 거기에는 어떤 '낭만(浪漫)'의 정서가 깔려 있다. '낭만'이란 말은 규정하기 쉽지 않은 용어이지만, 대중적으로 흔히 쓰는 말이기도 하다. 세상에서 가장 이성적이고 합리적이라는 독일사람들도 18-19세기에는 '낭만주의(Romanticism)'라는 시대사조에 깊이 휩쓸린 적이 있다. 이때 이들이 가장 애착을 갖고 사용한 단어가 '젠주흐트(sehnzucht)'이다. 독일사람들이 지금도 가장 아름다운 독일어 단어로 여긴다는 이 말은 '그리움' 혹은 '갈망' 등으로 옮길 수 있는데 그 정확한 뉘앙스는 번역되기 어렵다고 한다. '이상적인 상황에 도달하지 못하거나, 이상적 대상을 잃어버린 상태에서 느끼는 상실감'을 말하는데, 이는 고향을 떠나와서 느끼는 향수의 감정일 수도 있고, 대상이 무엇이었는지는 알지 못한 채 상실의 정서만 증상으로 남아 있는 상태를 칭하는 것일 수도 있다.

이 상실은 민족이나 국가, 혹은 고향이나 전통, 대자연, 연인에 대한 그리움이란 다양한 층위와 연결될 수 있다. 그리고, 이 '그리움'은 궁극적으로는 신에게 이르는 길을 잃어버린 인간이 갖는 원초적이고 실존적인 영혼의 갈망까지도 포괄한다.

경주에서 '달과 나그네'를 감싸고 있는 정서를 '낭만'이라고 말할 때, 그 '낭만'은 사실상 '젠주흐트'가 아우르는 범주를 그대로 갖다 놓아도 어색하지 않다. 천년이란 시간대가 축적된 공간이다. 수십 수백 층의 이야기가 단단히 응축된 공간을 그대로 잘라서 단층을 보듯이 관찰하고 경험할 수 있는 곳이 경주다. 경주를 걷다 보면 여기저기서 그 위용을 드러내는 왕릉과 수백 년은 족히 된 소나무 숲과 경주 남산 곳곳의 불상과 탑들, 그리고 시간의 압력을 견디지 못하고 결국 파편이 되어 흩어진 유적들을 만난다. 그 앞에 설 때 혹은 그 앞을 지날 때, 누구든 '알 수 없는 상실의 감정'과 자신을 겸허하게 만드는 '영혼의 정화'를 경험하게 된다. '낭만'이란 복합적 감정을 이토록 밀도 높고, 광범위하게 불러일으키는 공간은 세상에 그리 많지 않다.

경주에는 볼 것이 많지만, 유적과 유적 사이, 전시관과 박물관 사이를 물리적으로 오가는 여행이 아니라, 그 길 위에서 자신의 마음과 함께 여행하고자 하는 이들이라면 달과 나그네와 낭만은 피하기 힘든 서정이다. 너무 진지해질 필요도 없다. 경주의 달밤을 걸으며 2천 년간 이어온 나그네들의 순례에 발자취 하나를 보태고 있노라면, 누구나 자신을 향해 "나는 어디에서 와서 어디로 가는가?"를 나직이 물어볼 수 있다. 누구든 경주에 와서 천년의 공기를 호흡하고, 위축된 상상력에 생기를 주입하는 경험 해보기를 권한다. 서라벌의 달빛 아래에서는 필시 모든 것이 달라질 것이다.

02.
여행의 패러다임

경주여행의 풍경

경주는 일 년 내내 붐빈다. 봄에는 벚꽃이 볼 만한 유명한 곳이 몇 군데 있어서 엄청난 인파가 몰린다. 특히 김유신장군묘 옆 길과 보문단지의 밤 벚꽃이 좋다. 요즘은 무장산 가는 길도 새롭게 떠오르고 있다. 원래 무장산은 가을 억새밭이 유명하다. 청보리를 보며 황룡사 앞에서 진평왕릉에 이르는 너른 평야 길을 걷는 젊은이들도 많아졌다. 철마다 다른 꽃이 피는 첨성대 인근은 이제 반월성 해자가 복원되면서 낮이든 밤이든 산책하기 더 좋은 곳이 되었다. 젊은 세대는 자신들의 명소를 스스로 발굴하기도 한다. 대릉원에서 가장 붐비는 곳은 천마총이 아니다. 그 반대편 둔쪽에 고분들이 포개어 보이고 목련나무가 한 그루 서 있는 곳이 있다. 언제 가도 사람들이 사진을 찍으려고 길게 줄 서있다. 금장대 아래 늪지대에 무심히 얹혀 있던 나룻배 하나가 언젠가부터 인스타그램 명소로 등극한 것만큼이나 신선한 현상이다.

토함산의 불국사와 석굴암은 여전히 많은 이들이 찾는다. 경주를 대표하는 두 명의 문인, 소설가 김동리와 시인 박목월을 기념하는 동리목월문학관이 불국사 정문 부근에 있어 이왕이면 가는 길에 한번 들러오면 좋다. 경주 남산은 높이가 500m가 되지 않는 금오봉과 고위봉이 정점이다. 오르고 내리는 코스가 십여 개가 넘는데, 코스마다 풍광이 다르고, 골마다 전해오는 이야기가 다르다. 다양한 불상들이 산 곳곳에 산재해 있어서 시간을 두고 여러 번 다녀볼 만하다. 대부분 삼릉에서 올라 금오봉까지 다녀오는 코스를 선택하는데, 두어 시간이면 꽤 많은 불상을 보며 흥미로운 등산을 할 수 있다.

배가 고프면 맛집 검색을 시작해야 한다. 단체 관광객들을 상대하는 큰 규모의 식당도 많고, 보문단지 가는 길 주변의 식당들이나 황리단길의 카페와 레스토랑을 일차적으로 많이 찾지만, 여행의 묘미는 구석구석 숨은 맛집을 탐험하는 것이다. 구도심 쪽에 경쟁력 있는 예전 식당들이 남아 있고, 새롭게 생기고 있기도 하다. 황리단길은 주말이면 사람들에 떠밀려 다녀야 하는 상황인데, 초창기에 비해 인근 골목으로 훨씬 더 깊이 진입하면서 다양성이 증가했고, 앞으로도 그럴 것으로 보인다. 이 동네 비즈니스 생태계는 겉에서 보는 것보다는 훨씬 더 깊고 넓어진 듯하다. 경주는 이제 먹고 마시는 것을 넘어서 전시, 공연, 강연, 출판, 창작 등이 지역 내에서 자생적으로 이루어지는 문화적 생태계를 창출할 고민을 해야 할 시기에 접어드는 것으로 보인다.

경주 시내를 중심으로 하는 여행이 좀 심심하면, 30-40분을 달려 감포나 구룡포, 포항 쪽 바닷가로 갈 수 있다. 감포는 행정구역상 경주 지역이라 경주시에서는 요즘 '경주에도 바다가 있습니다'라고 열심히 홍보하고 있다. 문무대왕 수중왕릉이나 감은사지 등을 거쳐 바닷가에서 캠핑이나 낚시, 해수욕을 즐길 수 있다. 보문단지는 오래전부터 알려진 리조트 단지이지만 최근에는 그 뒤편 천북면 쪽에 고급 풀빌라 펜션이 많이 생겼고, 경주 전역에 캠핑 사이트, 한옥 펜션들이 계속 지어지고 있어서 경주의 숙박시설은 상당히 편리하고 선택지가 많은 편이다.

당신의 경주가 어느 계절, 어느 시간대였는가에 따라, 어디를 거쳐, 무엇을 먹고, 어디서 잤는가에 따라 경주의 인상은 많이 달라질 것이다. 나는 더위가 심하고 습한 여름보다는 만물이 파릇파릇하고 생기가 넘치는 봄이나 볕이 따뜻하고 푸근한 가을이 좋다. 가장 선호하는 계절은 사실 겨울이다. 봉황대의 나무들이 잎을 다 덜구고 가지만 남아 있는 모습을 보노라면, 마치 팀 버튼 영화의 한 장면을 보는 듯한 인상을 받는다. 디테일이 여전히 살아있는 가지를 앙상하게 늘어뜨리고, 고분 옆구리를 삐딱하게 치고 나와서 당당히 버티고 있는 모습은 뭐라 말할 수 없는 반항끼가 뿜어 나온다.

수학여행 패러다임

경주를 찾는 관광객은 얼마나 되는 걸까? 경주시는 2022년 임기를 개시한 민선 시장의 공약으로 연간 2,000만명 유치를 목표로 내놓았다. 불국사 관광안내소 등의 주요 거점을 중심으로 산정한 관광객 수가 1,300만 정도로 나오고 있으므로 이는 꽤나 야심 찬 목표다. 그러나, 이는 통계 방식이 낡았고 황리단길 등을 다녀가는 다양한 경로의 여행자들을 포함하지 못하는 매우 보수적인 수치란 지적을 받고 있다. 연구기관이 이동통신 데이터 등을 활용하여 추산한 결과로는 이미 연간 4,000만명이 찾고 있는 것으로 나온다. 이미 충분히 많은 사람들이 경주를 찾고 있다. 나는 최근 몇 년간 경주를 찾는 지인들의 관광 안내를 여러 번 해보면서 흥미로운 패턴을 관찰할 수 있었다. 엄밀한 구분은 아니지만, 대략 세가지 유형으로 파악되는 그 패턴은 각각 '수학여행', '관광여행', '개인여행'이라고 이름 붙여 볼 수 있겠다. 당신의 경험과 얼마나 유사한지 한번 비교해 보아도 좋겠다.

첫째, '수학여행'은 경주 여행의 가장 강력한 패러다임이다. 경주는 곧 수학여행지인 것이다. 중장년 세대는 중고교

시절 단체 수학여행으로 경주를 다녀갔다. 드라마 <응답하라 1988>에 나오는 대형 여관에서 숙박하면서 단체로 춤추고 노래하는 장면이 그 수학여행의 강렬한 경험을 집약해서 보여준다. 수학여행은 경주, 신혼여행은 제주로 요약되던 그 시절에는 다른 방식으로 경주를 알아갈 여지가 거의 없었다. 나이가 들어 경주를 다시 찾는 이들도 과거 수학여행의 경험을 재확인하거나 재현하는 것으로 여행의 내용을 채우는 경우가 많다. 이들에게 경주 여행에서 꼭 봐야 하는 것은 불국사, 석굴암, 첨성대, 그리고 천마총쯤 될 것이다. 이 4대 랜드마크가 제자리에 그대로 잘 있는지를 확인하면 일단 경주 여행의 절반 이상을 성취한 것이다. 그 유적 앞에서 옛날 사진 속의 모습을 기억해서 재현하며 인증샷을 찍는 것으로 경주여행의 흥취는 절정으로 차오른다. 이동 중에 나누는 대화의 내용도 '그때는 저기에 XX여관에서 잤는데, 도시락이 형편없었다. 밤에 장기자랑 하는데 난리도 아니었다. 누구가 술을 숨겨왔고, 누구는 여관 밖으로 담을 넘었고…' 등등으로 너무 비슷했다. 황리단길에 가서 추억의 교복을 빌려 입고 기념사진을 찍는 중년들을 많이 만난다. 그 시절의 과자와 기념품을 파는 추억의 가게에 들러 불량식품을 사 먹는 것도 다 추억의 수학여행을 되살려 보려는 시도다.

추억의 시공간을 다시 찾아 지나간 세월을 회고해 볼 수 있는 것은 여행이 줄 수 있는 매우 큰 즐거움이다. 그럼에도 불구하고 이 패턴에서는 종종 아쉬움을 느낀다. 우선 '수학

(修學)'에 방점이 찍히다 보니 무의식적 제약을 많이 만든다. 여행자도 안내자도 굳이 그러지 않아도 좋을 과도한 역사기행의 형태를 띄게 된다. "몇 년도에 신라 어느 왕이 여기서 무엇을 했고…"라며 피차에 큰 관심이 없던 역사 이야기로 소중한 여행의 상당 부분을 채우고 만다. 그러고는 금방 그 내용은 잊어버리고 맛집을 찾아 가거나, 피곤해서 숙소로 향한다. 이래서는 여행을 많이 한 듯해도 여행 경험이 개인적으로 더 깊어지지 않는다.

경주 사람의 입장에서 재미있다고 느낀 지점은 이런 여행을 하는 이들 대부분이 경주의 방향과 공간에 대한 감각이 뒤죽박죽이었다는 사실이다. '불국사 앞에 첨성대가 있는 거 아니었나?', '첨성대가 이렇게 작았나?'라며 놀라는 일이 비일비재하다. 당연히 그럴 것이 수학여행은 능동적 여행이 아니었기 때문이다. 대형 여관에서 밤새 친구들과 놀고, 일어나면 부실한 아침식사를 하고, 관광버스에서 내내 졸다가, 내리라면 내려서 줄지어 유적 관람을 하고, 다시 다음 장소로 이동을 했으니 경주의 동서남북이 감이 잡힐 수가 없다. 뒤늦게 그 시절의 여행이 얼마나 타율적이었고, 주입식이었나 되돌아보게 되지만, 이제는 그러지 않아도 되는 상황에서도 여전히 비슷한 여행 패턴에서 벗어나지 못하고 있다는 것은 아쉬움이 큰 대목이다. 여행이 과거 기억의 지배력 안으로 제한되면 여행을 통해 우리가 누릴 수 있는 많은 장점을 누락하게 된다. 나는 이런 경우에는 주요 랜드마크를 먼저 보여주고, 지도 위에서 경주의 동서남북을 가늠할 수 있도록 각각의 유적지를 자리매김하도록 해본다. 그리고, 흥미로운 에피소드나 잘 알려지지 않은 디테일을 한두 가지 정도 알려주고 그것을 통해 잘 알려진 유적을 다른 각도에서 감상해 보도록 한다. 약간의 변화만으로도 여행은 과거의 추억여행만 아니라 오늘의 내 자신을 위한 여행으로 의미 값을 갱신할 수 있다.

관광여행 패러다임

 둘째, '관광여행'은 편의상 여행에서 오락과 레저를 우선적으로 추구하는 경우라고 단순화해서 말할 수 있겠다. 경주에는 골프장이 여럿이고, 콘도도 많고, 대규모의 펜션단지 등도 있어서 지인들이나 가족 단위로 휴식을 위해 경주를 찾을 때 이용할 수 있는 기반 시설이 충분히 마련되어 있는 편이다. '관광(觀光)'이란 용어는 한중일 삼국의 고대 문헌에 다 등장한다. '빛을 본다'는 말은 '찬란한 타국의 문화를 직접 눈으로 본다'는 뜻으로 역사나 문화의 뛰어난 성취를 직접 가서 보는 행위를 포괄하는 단어다. 여기에도 '배운다'는 의미가 포함되므로, 수학여행도 크게 보아 '관광'의 범주에 속하겠지만, 중고교시절 단체로 가본 수학여행의 경험이 워낙 강렬하고 지속력이 있어 별도 범주로 먼저 다루었다. '관광여행'은 관광의 목적이 '배움'에서 '즐김'으로 이동하는 현상을 포착하고자 제안하는 두번째 범주이다. 경주는 고대 도시로서 '관광'의 의미변화를 관찰하기에 딱 좋은 여행지다. 경주가 일제시대부터 시작된 고적 중심의 관광지에서 오락과 레저 활동 중심의 산업적 차원으로 변해가는 데에는 1979년 개장한 보문관광단지의 역할이 지대했다고 볼 수 있다. 여기에는 지금도 지역 내에 호텔, 리조트, 카페, 갤러리, 박물관, 테마파크, 놀이공원 등이 계속 들어서고 있어서 경주 관광의 주요한 축을 형성하고 있다. 이곳을 찾는 이들은 주로 자가용을 교통수단으로 삼아 기동력이 좋고, 보문단지 인근을 숙소로 삼아, 맛집을 찾아다니고, 낮시간에는 각각 레저활동을 하는 패턴을 보인다.

보문단지의 관광 인프라는 전국적으로 경쟁력이 있었다. 단체 관광이나 국내외 컨퍼런스 등을 유치하는 데에 어려움이 없었다. 벚꽃축제나 경주 엑스포 공간을 활용하는 다양한 문화행사 등도 꾸준하게 사람들을 오게 하는 프로그램들이다. 그런데 '관광'이 산업적으로 발전하려면 사람들을 끌어들이는 유인과 즐거움을 향유하는 체험이 지속적으로 제공되어야 할 필요가 있다. 경주의 관광산업이 앞으로도 이런 비교우위를 계속 유지할 수 있느냐가 관건이다. 이미 제주도는 이국적인 국제관광지로 저만큼 달려가고 있고, 자연 풍광과 문화적 풍성함을 잘 결합시킨 통영 같은 지역들의 새로운 약진이 시작되었고, 서울과 부산 같은 대도시는 그들대로 화려한 풍모를 자랑하고 있다. 게다가 이제는 동남아시아를 넘어 전세계에 한국 여행자들의 발길이 닿지 않는 곳이 없다. 한국의 경제 수준이 높아지다 보니 동남아로 골프여행을 떠나거나, 명절에 해외로 가족여행을 떠나는 경우도 많아졌다. 그들의 확장된 여행 경험에 비추어 볼 때 여전히 경주가 매력적인 관광지가 되려면 어떤 준비와 대응이 필요한가 질문이 생긴다. 경주를 '관광산업' 패러다임 차원에서 바라보면, 대안으로 카지노를 유치하자거나, 더 큰 호텔과 더 뛰어난 쇼핑 인프라를 갖추어야 한다는 식으로 내달리기 쉽다. 경주사람 입장에서는 이 패러다임이 적정 규모에 대한 인식 없이 너무 외부의 대규모 투자와 인프라 유치에 몰입하느라 경주 자체에 확보되어야 할 문화적 자생력과 역량 개발에는 관심이 없지 않느냐는 우려가 든다. 개발도상국 시절의 관광산업 모델이 과연 지금 문화 선진국으로 도약하는 한국의 미래에 유효한 모습일까 의문이다. 빌딩이 아니라 골목, 도시가 아니라 마을, 도로가 아니라 오솔길을 찾아 한국과 전세계를 돌아다니는 여행자들에게 경주에서만 제공할 수 있는 독특한 경험을 마련해야 하는 것 아닌가 싶은 것이다.

개인여행 패러다임

세번째 등장하고 있는 흐름은 '개인여행'이라 명명할 수 있을 것 같다. 어느 시대에나 개인으로 경주를 찾는 이들은 적지 않았으나, 그것이 트렌드를 형성한다고 말할 정도의 규모가 된 것은 2015년 이후 활성화된 황리단길이 큰 몫을 차지한다고 생각한다. 경주가 대중교통 접근성이 좋고, 주요한 고적들이 시내에서 도보로 다닐 만한 범위 안에 있다는 장점은 황리단길이 조성되면서 숙식과 볼거리 측면에서 대대적으로 업그레이드되었다. '개인여행' 패러다임에 속한 이들은 개인이거나 소그룹으로 와서도 집단주의적 선택을 하기보다는 개인적 취향을 포기하지 않는 이들이다. 시내의 한옥 펜션이나 게스트하우스에 묵으며, 자신이 짠 일정을 따라, 함께 혹은 각자, 도보나 자전거로 돌아다니고, 맛집과 인스타 명소를 찾아가서, 먹고 노는 모든 것을 사진과 동영상으로 온라인에 올리고, 리뷰를 남기고, 추천을 교환한다. 이런 행위는 전국적으로 행해지고 있지만, 경주는 그 밀도와 강도 측면에서 활성화 수준이 가장 높은 편에 속할 것이다.

여행 전문가들의 논의를 귀동냥할 기회가 있었는데, 여행 패턴을 점, 선, 면으로 구분해서 설명하는 것이 이런 현상을 보는데 도움이 되었다. 경주 여행에 적용하자면, 과거의 '수학여행'은 전형적으로 점과 점을 연결하는 방식이었다. 이 유적에서 저 유적으로, 그리고 식당에서 숙박시설로, 단체관광버스를 타고 다녔다. 이 여행패턴에서는 배후의 여행사와 숙식을 제공하는 이들이 의사결정을 하고 돈을 버는 주체였다. '관광여행'에서는 과거보다 여행 내용의 다양성은 증가했고, 의사결정은 개인에게 많이 넘어왔으나 여전히 숙박이나 레저 등은 대형 인프라에서 이루어지고, 이동 경로도 여전히 점과 점을 건너뛰어 다니는 메뚜기 형이 대부분이었다. '개인여행'으로 자가용이 아닌 도보 여행자들이 대거 등장하자 비로소 점과 점 사이를 잇는 선이 생겼다. 봉황대 인근, 첨성대 앞길 등에서 여행자들의 동선을 따라 가게가 열리고, 상권이 만들어졌다. 아마 이런 유형의 최종적 이상은 선과 선이 어우러지면서 면이 형성되는 경우일 것이다. 면은 그 경계선 안에 유동인구가 일정 수준 이상 확보되는 양상을 일컫는다. 경주에서는 황리단길이 대표적으로 그런 역할을 한다. 그곳은 단지 어떤 목적지를 향해 가는 도중에 지나치는 곳이 아니라, 그 지역 자체가 목적지가 되었다. 골목이 들어가서, 카페도 들어가 보고, 서점도 들르고, 사진도 찍고, 군것질도 하고, 차도 마시고, 밥도 먹고, 술도 마시고, 잠도 자는 거대한 광장이 만들어진 것이다. 전국의 수많은 지역상권 살리기 노력들이 반짝 성공을 넘어 지속적 성공으로 이어지는 경우가 많지 않은 것을 감안하면 황리단길은 아마도 전국적으로 가장 성공적인 지역활성화 사례로 꼽힐 것이다.

개인여행 활성화의 배경에는 90년대 이후 해외 배낭여행을 경험한 세대들이 엄청난 규모에 이른다는 사실을 놓쳐서는 안 된다. 이들은 산티아고 순례길을 걸어 보았고, 글래스톤베리와 코첼라를 가보았고, 버닝맨과 에딘버러 프린지에 참여해 보았고, 인도에서 요가를 수련했고, 티벳으로 혹은 더 깊은 오지로 영적 스승을 찾아 떠나 보았고, 동남아시아에서 새까맣게 탈 때까지 스킨스쿠버를 해온 이들이다. 그들이 국내에서는 제주에서 올레길을 걷고, 귀촌귀농을 해왔고, 전국 각처로 들어가 한달살이, 일년살이를 시도하는 이들이다. 그런 이들이 경주 시외버스 터미널에 내려 터벅터벅 걸으며 한나절이나 이틀을 할애해서 경주 박물관에서 불상을 보고 있고, 계림숲의 노거수 앞에 서 있고, 황룡사 터를 걷고 있고, 삼릉계곡을 따라 경주남산을 오르고 있고, 불국사에서 걸어서 석굴암을 찾고 있는 중이다. 그들은 경주에 와서 어디에 머물러 잠을 자고, 밥을 먹고, 술을 마시고 있을까? 경주를 수학여행이나 관광여행 패러다임으로 경험하지 않은 다음 세대에 해당하는 그들은 자신들이 세계의 서로 다른 여행지를 다녀왔던 경험치에 비추어 경주를 향유할 것이다. 그들은 경주에서 새로운 방식으로 세상이 어우러지는 경험을 보고 싶어 할 것이다. 이들은 여행 길에서 서로를 알아본다. 경주여행의 미래는 기존 패러다임에는 포착되지 않는 다음 세대의 감수성이 표출되고 향하는 방향에서 튀어나올 것이다. K-컬쳐를 찾아 한국을 찾는 이들은 점점 더 많아질 것이고, 그들이 경주를 찾아왔을 때에는 무엇이 그들을 기다리고 있어야 할까?

사람들은 경주에서는 이미 보고, 듣고, 경험할 수 있는 것은 다 나왔으며, 더 새로운 이야기는 나오지 않을 것이라고 생각한다. 정말 그렇다면 경주여행은 기왕의 내용을 주야장천 울궈 먹거나 약간의 포장을 달리하는 것 말고는 남는 것이 없을 것이다. 아니다. 같은 재료라도 셰프에 따라 전혀 새로운 요리가 탄생한다. 아니, 그보다는 같은 재료에서 전혀 다른 음식을 기대하는 손님들이 등장하고 있다는 말이 더 정확할 것이다. 글로벌한 문화융합의 시대에는 역설적으로 글로벌에 대한 감각과 더불어 로컬에 대한 근접 관찰과 밀착 감상이 필요하다. 경주는 그런 일이 벌어지기에 매우 좋은 역사적, 사회적 조건을 갖추고 있다. 다만 그런 시도가 충분히 많이 보이지 않을 뿐이다. 아마 기존의 '수학여행'이나 '관광여행' 패턴이 여전히 유효하게 작동하고 있다고 믿거나, 그것 외에 다른 방식의 여행을 상상하지 못하기 때문일 것이다. 경주를 전혀 낯설게 만나고 있는 사람들이 늘어나고 있다. 경주가 이런 곳인 줄 전혀 몰랐던 사람들이 경주를 새롭게 발견하고 있다. 경주의 시공간이 참으로 매력적으로 느껴져서 경주에 대해 글 쓰고 말하기를 즐기는 사람들이 늘어나고 있다. 나의 바람은, 이런 이야기를 한참 하다 보면 어느 날에는 비슷한 눈빛과 호기심을 가진 사람들을 경주의 골목과 거리에서 어렵지 않게 볼 수 있을 것이란 기대감이 틀리지 않았음이 입증되는 것이다. 아마 나는 틀리지 않을 것이다.

03.
경주를 만든 시간

 도시는 물리적 공간이면서 동시에 시간의 산물이다. 오래된 도시는 더더구나 긴 시간의 축적물이다. 경주는 여러 시간대가 중첩된 도시다. 그 흔적은 켜켜이 이 땅에 새겨져 있다. 그 시간의 포개짐을 잘 헤아려 보는 것이 중요하다. 어떤 시간대는 다른 시간대보다 확연히 더 풍부한 의미 값을 갖는다고 볼 때, 경주는 어느 시간대의 영향이 가장 크게 반영되어 있을까? 2천년을 지속한 고대 도시 경주는 과연 언제 최고의 시기를 누렸으며, 언제 가장 암울했을까? 경주의 뼈대를 놓은 시대는 언제였을까?

천년의 왕국 신라

 누구나 인정하듯 지금의 경주를 가장 압도하는 시간대는 삼국시대다. 한반도에서 마한, 진한, 변한이 각축하던 시대를 지나, 진한이 박혁거세를 왕으로 삼아 서라벌에 궁을 지은 것이 기원전 31년으로 알려진다. 고구려가 기원전 37년에 건국을 했고, 고구려 유민을 중심으로 한 백제가 기원전 18년에 나라를 세웠다. 이 시기 서양은 카이사르가 로마제국을 건설한 때이다. 신라는 마지막 왕 제56대 경순왕이 고려 태조 왕건에 나라를 바치는 935년까지 거의 1천년을 지속하였으니 '천년의 왕국'이란 소리를 들을 만하다. 하나의 국가가 이런 장구한 시간 동안 유지된 사례는 인류 역사에 많지 않을 것이다.

 "신라의 전성시대에 서울 안의 호수가 17만 8,936호에 1,360동리요, 주위가 50리였다. 서울 안에 35개의 큰 저택(金入宅)이 있었으니"… "제49대 헌강대왕 때에는 성중에 초가집은 하나도 없었으며 추녀가 맞붙고 담장이 연닿고 노래와 풍류 소리가 길에 가득 차서 밤낮 그치지 않았다."

 <삼국유사>의 기이(紀異) 제2편 '진한(辰韓)'을 설명하는 초반부에 나오는 내용이다. 신라 왕경의 규모에 대한 학술적 논의는 아직 진행중이지만, 기록으로 등장하는 수많은 사찰과 탑 등을 저 숫자와 연결지어 생각하면 그 규모와 화려함이 상상을 넘어서는 대단한 수준이었다는 점에는 의심의 여지가 없다.

신라가 중앙집권적 국가로 면모를 갖춘 시기는 제22대 지증왕(재위 500-514) 때 국호를 신라(新羅)로 정하고, 군주를 왕으로 칭한 무렵부터로 볼 수 있다. 이후 법흥왕(재위 514-540), 진흥왕(재위 540-576), 진지왕(재위 576-579), 진평왕(재위 579-632), 선덕여왕(재위 632-647), 진덕여왕(재위 647-654), 태종무열왕(재위 654-661), 문무왕(재위 661-681)으로 이어지며 삼국통일을 이루는 시기가 여러모로 가장 드라마틱한 전성기로 볼 만하다. 이 때가 삼국간의 역학관계가 일촉즉발 기세로 엎치락 뒤치락 했고, 왕실 내부의 암투와 여러 번의 내란, 삼국간 전쟁에 당을 끌어들이는 외교전, 결국에는 당을 상대로 전쟁을 벌인 신라와 고구려 백제의 유민들, 원광에서 의상과 원효로 이어지는 신라 불교의 비약적 발전, 화랑도의 시작과 화랑들에 얽힌 다양한 이야기들… 엄청난 이야기의 보물창고다. 고대사를 전문적으로 연구해야만 접근할 수 있는 내용이 아니라, <삼국유사>만 읽어도 접할 수 있는 흥미로운 이야기들이고, 이미 영화나 드라마 등으로 다양하게 재조명이 이루어지고 있어서 왠지 우리는 신라 역사가 낯설지 않다. 국립경주박물관은 서울에 이어 매우 일찍부터 설립되어 방대한 유물을 관리하며 흥미로운 전시를 꾸준히 기획해 오고 있다. 박물관과 경주시는 대릉원의 천마총 외에 쪽샘고분 전시관을 운영하고 있고, 2022년에 금관총 전시관을 새롭게 개장해서 신라시대의 화려한 면모를 직접 볼 수 있도록 해놓고 있다.

경주는 한국의 여러 성(姓)들의 기원 서사를 품고 있는 지역이기도 하다. 우선 신라의 왕위가 제1대 박혁거세로 시작되는 박(朴)씨, 제4대 탈해왕부터 시작하는 석(昔)씨, 제13대 미추왕에서 시작하는 김(金)씨로 계승되었기에 이 성들은 모두 신라 왕족에서 기원을 찾는다. 신라의 건국에 참여한 6부촌은 현재의 경주 인근 마을이었는데, 알천 양산촌에서 이(李)씨, 돌산 고허촌에서 정(鄭)씨, 무산 대수촌에서 손(孫)씨, 취산 진지촌에서 최(崔)씨, 금산 가리촌에서 배(裵)씨, 명활산 고야촌에서 설(薛)씨가 기원한 것으로 알려져 있다. 그 이외의 다른 성들은 신라말에서 고려초로 넘어가는 시기에 고려 건국에 기여한 공신들에게 중국의 관습을 따라 왕이 하사한 경우가 많다. 결국 신라 역사의 시작과 끝의 맥락 속에서 한국의 주요 성 대부분이 발원하고 있다는 것을 알 수 있다.

고대 신라에서는 우리가 상상하는 것보다 훨씬 글로벌한 문화 교류가 이루어졌다. 중국으로 유학한 유력한 학승들이 수십 명이었고, 그들의 위상은 국제적으로 매우 높았다. 그 대표로 꼽힐 중국 유학파 지식인이 중국 화엄종의 정식 계승자로 인정받는 의상(義湘)이지만, 우리 역사에는 오히려 그때 당나라 유학을 가지 않기로 선택한 원효(元曉)가 동아시아권을 아우르는 사상가로 더 깊은 인상을 남기고 있다. 최치원 같은 이를 비롯해서 중국에 문장으로 이름을 떨친 경우도 여럿이었다. 신라의 인물들 중에 동아시아권을 대상으로 글 쓰고, 활동하는 인물들 사례가 심심치 않게 등장한다.

고려시대와 조선시대의 경주에 대해서는 대중적인 관심이 높지 않다. 그러나, 그 시기에도 경주는 쇠락하기는 했지만 여전히 고대 신라의 수도이자 불교의 유산이 만만치 않은 도시로 위상이 유지되었다. 고려시대에는 동경(東京)이라 불리며 지역적으로 비중 있는 도시로 간주되었다. 유명한 학자나 문인들은 경주를 다녀가면 그 감흥을 꼭 시나 글로 남기는 것이 관례처럼 여겨졌다. 그러나 그런 면모는 여러 개인 문집 등으로 흩어져 있다 보니 대중들의 기억에 깊이 각인되지는 않았다. 나는 그런 맥락에서 재조명될 인물이 매월당 김시습이 아닐까 생각한다. 전국을 떠돌다 경주 남산 기슭에서 8년간 살다가 떠나간 시대의 풍운아 김시습의 행적은 당대에도 후대에도 대단한 주목거리였다. 그가 남긴 전국 여행기를 감안하면 가히 평생 길 위에서 살았던 여행자이자 낭만적 여행자의 전형으로 추앙할 만하다. 앞으로 그와 경주를 잇는 논의가 더 활발해지기를 기대한다.

근대로 넘어오는 19세기 이후 시기는 여러모로 재발견되고 재음미될 필요가 있다. 놀랍게도 경주는 19세기 중반에 후조선 최대의 민중운동이라고 할 동학(東學)이 태동한 곳이다. 교조 수운 최제우와 제2대 교주 해월 최시형이 모두 경주 사람이었다. 우리의 기억에는 1894년 갑오년 전봉준 등이 이끈 호남권의 동학농민운동이 강렬하지만, 동학은 1860년 최제우가 오랜 종교적 방황과 탐색 끝에 경주 용담정에서 득도하고 서학과 유학을 비판하면서 시작한 아래로부터의 종교운동이었다. 동학은 19세기 중반 시작해서, 동학농민운동을 거쳐, 일제시대에 천도교로 3.1운동을 주도하는 시기까지 아마도 조선말에서 근대로 이어지는 시기에 가장 광범위한 조직과 운동 역량을 지녔던 종교이자 사회개혁운동이었다고 평가할 수 있을 것이다. 경주가 이런 종교의 발원지 역할을 했다는 사실은 그동안 크게 주목받지 못한 주제이다. 그러나 신라시대 이래로 불교의 구심점 역할을 면면히 해왔던 사실을 상기한다면 경주 지역의 종교적 영향력의 정체는 제대로 연구되어야 할 주제임에 분명하다.

일본이 만든 경주

일제시대의 경주에 대해서는 이야기를 많이 듣기 어렵다. 어쩌면 가장 흥미롭기도 하고, 엄밀한 재평가가 필요한 시기일 것이다. 일본인들은 자신들의 고대사에 신공황후가 신라를 공격해서 지배했다는 <일본서기>의 언급을 한반도와 교섭한 첫 사례로 즐겨 인용한다. 임진왜란 때에도 경주 관아를 약탈해서 귀중한 문서들을 많이 갖고 가기도 했다. 그들이 결국 조선땅을 식민지로 삼게 되었을 때 가장 환호했던 부류가 바로 경주의 고대 유적과 유물들이 자신들의 식민지배를 역사적으로 정당화시켜 줄 것이라 여긴 식민사학자들이었다. 이들이 경주에 대해 가졌던 과도한 관심으로 인해 경주는 일찍부터 철도가 놓이고, 일본인들이 식민지 초기부터 대거 들어왔던 대표적 도시가 되었다. 어업을 하러 일본인들이 몰리던 연일(현재의 포항)이나 구룡포는 이때까지도 작은 해변 도시였으나, 경주는 전체 인구가 17만여 명으로 대구 다음으로 규모가 큰 경북지역 2위의 도시였다.

경주는 신라 시대부터 월성에 왕궁이 있고, 동서남북 네 방향에 흐르는 개천을 자연적 경계선으로 삼아 그 내부를 서라벌 왕경으로 삼았다. 조선 시대에는 지금의 경주 구도심 지역에 사면을 두르는 읍성을 쌓아서 성 내부에 관아와 주요 시설을 두는 구조를 만들면서 시의 중심지가 형성되었다. 지금 경주 시내에 복원된 읍성이 동문(東門)에 해당된다. 일제시대에 들어와서 이 읍성을 허물고 읍성 바깥에 경주역(지금은 폐역이 된 구 경주역)을 세우고(1936년), 그 앞에 시장(현재의 성동시장)이 서는 등 도시구획이 변경되었다. 시내 중심부에 있던 조선시대의 관아 등은 일제의 공공기관 건물로 바뀌었고, 좋은 위치에 일본인들이 사업장을 내도록 혜택을 주기도 했다. 현재 구도심의 경찰서, 법원, 검찰청 등이 있는 자리가 일제시대부터 중심부였고, 이를 지나는 도로들이 주요한 간선 도로 역할을 했다. 그 길을 따라 상점과 여관과 술집 등이 들어섰다. 지금 경주 구도심의 도로와 도시 배치는 크게 바뀌지 않고 일제시대의 계획에 따른 입지를 그대로 반영하고 있다. 현재도 구도심 지역은 건축을 하려면 문화재 발굴 과정을 먼저 통과해야 하고, 건물도 약 3

층 높이 정도로 고도제한이 있어서, 도심에는 대대적인 재건축이나 재개발이 불가능하다. 일제시대에 확립된 도시의 틀이 여전히 유지되는 이유다.

경주의 고적과 유물 발굴도 일제시대에 집중적으로 많이 이루어졌다. 시내의 여러 왕릉은 이미 도굴꾼에 의해 파헤쳐진 경우가 많았는데, 일본은 고고학자들을 파견해서 체계적으로 발굴과 관리를 시도했다. 이때 경주에 박물관도 생겼고, 단체로는 <경주고적보존회>가 만들어져서 주요한 발굴과 문화재 관리를 총괄했다. 이들은 무분별한 발굴행위나 도굴을 막는 순기능도 했지만, 당시 경주 시내에 골동품을 수집하고 매매하는 유력한 골동품상들이 존재했고, 이들이 이런 문화재 관리 업무에 긴밀히 관여하고 있었기에 총독부 고위 관리나 호사가들의 수집행위에 결탁한 흔적도 적지 않았다.

당시 시내 고분 위에 자리잡은 건물이 공사를 하던 와중에 유물이 나오자 일제 관리들이 졸속으로 발굴을 한 사건이 있었다. 이때 여기서 신라 금관이 출토되면서 초미의 뉴스 거리가 되었다. 현재 '금관총'이 그곳이다. 그런데, 그때 출토된 유물은 이후 전시과정에서 몽땅 도난당하는 사건이 생겼다가, 결국 몇 달 후 도둑이 몰래 되돌려 놓아서 겨우 유물을 회수하는 해프닝도 있었다. 도둑의 정체를 두고 당시에도 내부자의 소행이 아니었나 하는 의심이 제기되었다. 이때 조사를 받은 일본인 박물관장의 집에서는 엄청난 양의 정체불명의 유물들이 나오기도 했으나, 그는 고고학자로서 조선의 유물이 밀반출되지 않도록 자신이 개인적으로 수집한 것이란 답변을 하고 넘어가기도 했다. 신라 금관의 발굴 사건은 당시 워낙 유명해서 평양에서도 초청 전시회를 열었다. 전시회를 마치는 날 관장이 요정에서 기생에게 금관을 씌우며 놀았던 사실이 사진과 더불어 신문에 보도되는 일도 있었다.

일본인 박물관장이나 고고학자들이 골동품 수집가들과 긴밀하게 커넥션을 유지하고 있었고, 그 결과 일제시대에 엄청난 양의 유물들이 합법, 비합법 경계를 넘나들며 수집되어 해방 직전까지 지속적으로 일본으로 유출되었다. 그때 반출된 기와, 불상 등을 두고 해방 이후에도 반환 노력을 많이 기울였다. '신라의 미소'로 잘 알려진 보물 2010호 '얼굴무늬 수막새' 역시 이렇게 일본으로 유출되어 있었던 것을 1972년 경주 박물관장이 여러 경로로 소장자를 설득해서 기증을 받은 것이다. 일제시대에는 경주에서 발굴이 많이 이루어졌지만, 당시 부실한 발굴(금관총의 경우)이나 부실 보수(대표적으로 석굴암), 유물의 밀반출, 도난 등으로 유물들이 훼손된 경우도 많아서 경주는 과거의 발굴사업 성과를 다시 정리해야 하는 과제를 안고 있다.

경주가 고대 유물과 유적이 많은 고적 도시에서 유흥을 즐길 수 있는 관광 도시로 본격화된 것도 이 시기라고 볼 수 있다. 비교적 일찍 철도가 개통되면서 교통 접근성이 좋은 지역이었던 터라 경주를 찾는 여행자들은 역 앞의 택시회사에서 차와 운전기사를 대절해서 인근의 여러 유적지를 다니곤 했다. 1907년 석굴암이 발견되고 여러 번의 보수공사를 거친 1923년 이후부터는 원근 각처의 학생들이 단체로 경주를 찾아 고적지를 둘러보는 '수학여행'의 원형이 만들어진다.

이때 경주를 다녀가는 관광객의 수가 급속히 증가하면서 유흥산업도 빠르게 성장했다. 당시 경주 시내 금관총 부근에는 권번이 있어서 한창 때에는 60-80명에 이르는 기생이 조합에 가입되어 있을 정도였다. 당시 신문에는 "사회발전이라고는 보잘 것 없는 우리 경주는 화류계만 발전되어 기생조합을 시장 한복판, 사람이 제일 많이 다니는 곳에 지어 놓고, 밤이나 낮이나, … 끊임없이 뚱땅거리니 … 이것이 지방 발전과 문화향상에 얼마나 장애라고 할꼬? 더구나 그곳은 보통학교 학생이 제일 많이 다니는 큰 길인 고로 아동교육에 방해됨이 이보다 더할 수 없다." (동아일보 1921.7.26)는 개탄이 등장하기도 했다. 언론에는 주색잡기에 빠져 벌어진 도박, 횡령, 폭력, 음독, 패가망신 사례들이 적잖게 등장하기도 했다. 흥미롭게도 경주는 평양, 진주와 더불어 기생이 유명한 3대 도시란 명성을 얻고 있었는데, 1930-40년대에는 '남방 유일의 색향'이라며 경기가 좋지 않던 시절에도 경주 유흥가에서 올리는 수입은 매년 기록을 갱신할 정도였다는 기사도 나온다.

경주는 일제시대부터 국내의 대표적 관광지로 발전하왔지만, 이런 식의 향락적 관광산업의 흥망과 궤를 같이하면서 격계되는 부정적 측면도 간과할 수 없다. 국내의 관광산업은 해방후에서 60년대 초반까지는 주로 미군과 유엔군 등에 의존하는 수준이었다가, 1965년 한일국교정상화가 이루어지고 일본과 교류가 시작되면서 관광객 규모가 급격히 커졌다. 1971년 외국인 관광객이 10만 여명 이었는데, 1979년에는 65만 명까지 늘어나는데 그중 60-80%란 압도적 비율이 일본 관광객들이었다. 그들이 한국땅을 찾도록 국가가 정책적으로 부추긴 관광산업을 '기성관광'이란 기형적 형태가 주도했다는 사실은 부정하기 힘들고, 이에 더해서는 비판적인 평가가 많이 나와있다. 1983년 한국교회여성회가 발표한 '기생관광 실태조사 보고서'에 의하면, 당시 외국인을 대상으로 영업하는 관광요정이 전국에 27개소가 있었는데, 그중 14개가 서울, 7개가 부산, 4개가 경주, 2개소가 제주에 있었다. 경주가 관광도시로서 어떤 맥락에서 어느 정도의 위치였는지 가늠할 수 있을 것이다.

나는 일제시대와 그 이후 근대화 과정에 경주 관광이 복합적 면모를 갖고 있었다는 이야기를 하고 싶은 것이다. 대규모 단체여행과 향락적 유흥 중심의 관광이 주도했던 한 시대가 있었고, 지금 우리는 꽤 그런 그림자를 닦이 지워버린 것 같다. 산업적 측면에서는 그 시절이 그리운 사람들도 있겠으나, 그건 이제 돌아갈 수도 없고, 돌아가서도 안 될 선택지다. 그 시절 조성된 경주의 보문단지는 지금은 컨퍼런스와 테마공원과 고급스러운 숙박시설을 갖춘 쾌적한 곳으로 탈바꿈했다. 거기에 카지노 같은 것이 들어와서 이런 경향을 거스르는 시절을 다시 보고 싶지는 않다. 과거 술집이 많았던 쪽샘 지구는 민가가 대부분 철거되어 고분공원이 되어 있다. 그 지역은 요정들이 있던 경주의 대표적 유흥가이기도 했지만, 동시에 민가와 선술집과 작은 시장이 있고, 공예를 하고, 그림을 그리던 이들, 글을 쓰던 이들이 깃들어 살기도 했던 예술촌이기도 했다. 당시 경주고등학교에 교장으로 와있던 청마 유치환이 경주를 찾는 문인들을 몰고 쪽샘 동네에 가서 지역 문인들과 어울리는 자리를 종종 만들었다고 한다. 도시의 역사는 한 페이지가 넘어가면 새로운 이야기가 쓰여진다. 물론 그 이야기는 그 앞장의 이야기를 계승하든, 비판하든, 편승하든, 비틀든 어떤 방식으로든 연관을 갖게 마련이다. 우리는 그런 방식으로 이야기를 써 나가는 법을 익히는 중이다. 무엇을 기억하고, 무엇을 흘려보낼 것인가를 결정하는 것은 중요하다. 나는 빛나는 이야기도, 부끄러운 이야기도, 암울한 이야기도, 지나고 보면 다 이 땅의 이야기들이니 쉽게 놓아버리지 않는 것이 좋다는 쪽이다.

경주의 오늘

지금 경주는 신라시대를 땅 밑에 두고, 일제시대로 도시구획을 이루었고, 그 위에 근대의 자취를 여러 모양으로 그려 놓은 양상이다. 1970년대 이후 제주와 더불어 국가적으로 공을 들여 개발한 근대적 관광도시의 대표로 단연 첫 손에 꼽힐 것이다. 2020년대의 경주는 골프장, 호텔, 펜션 등 관광지 인프라는 전국적으로 크게 뒤지지 않는 상황이고, 2017년 어간부터 주목받은 황리단길도 전국적으로 잘 알려진 도시재생 사례이다. 하지만, 경주시민들이 누리는 사회문화적 향유 수준은 인구 25만명 어간의 여느 지방 소도시와 별로 다르지 않다. 이제는 국가나 지자체가 주도하는 기획이란 것이 대대적으로 작동하기 어려운 시대다. 그렇다고 그런 제도와 정책의 힘이 다 빠진 것은 아니기에, 여전히 앞으로 10년, 20년 후 경주의 주요한 모습과 방향을 결정하는 중요한 선택은 관의 기획에 달려있다. 그러나, 공무원들이 광장을 만들고 길을 놓을 수는 있지만, 그 광장에 시민들이 모여들지, 그 길에 여행자들이 즐겁게 다닐 것인지는 확언할 수 없다. 사람들의 상호작용은 국가도 지자체도 기획하지 못한다. 그간 이런 결과를 연출해보고자 시도한 수많은 노력들은 투입에 비해 결과물이 효과적이지 않았고, 여러가지 프로젝트들이 세간의 유행을 좇아서 왔다가 지나가곤 했다.

경주는 경주가 갖고 있는 것을 당연시하지 말고, 새삼스럽게 재발견할 필요가 있다. 몇 년간 경주의 구도심을 하릴없이 걸어 다니다 보니 새롭게 눈에 들어오는 것들이 많았다. 자기 분야에 역량을 갈고 닦아서 사업을 해보려고 경주로 들어온 젊은 친구들이 꽤 많았다. 그들의 솜씨와 안목에

탄복했다. 경주를 잘 알기 위해 신라시대의 층위를 재음미하고, 일제시대의 영향을 비판적으로 되새겨보는 노력처럼 지금 경주에 펼쳐지고 있는 새로운 움직임과 방향을 가늠해 보려는 노력도 중요하다. 한번의 이벤트로 대단한 마술 같은 성과를 기대하기 보다는 좋은 사람들이 찾아와서 즐겁게 사는 도시가 되어야 한다. 공장을 자꾸 지어서 미래를 도모할 것이 아니라면, 경주는 문화의 수준을 극대화하는 것이 가장 좋은 선택이라 생각한다. 글을 쓰고, 그림을 그리고, 조각하고, 영화를 만들고, 수준 높은 강연과 토론이 여기저기서 벌어지는 향기 가득한 도시가 되는 것이 좋다. 지역 내에 근거를 둔 독창적인 문화예술학술 거점이 많이 생겨서 문화적 자생력이 높아져야 하고, 거기서 발원하는 상호작용이 대대적으로 활성화되어야 가능한 일이다. 그게 어떻게 가능하냐고? 원래 경주는 그런 곳이었다. 나는 이 책에서 사람들이 지금 경주에서 가능하지 않을 거라 생각하는 많은 일들이 역사 내내 경주에서 일어났다는 사실과 그 옛날부터 잘만 벌어지던 일이 지금은 절대 일어나지 않는다는 믿음이 어떻게 가능하냐고 되묻는 것이다. 손가락이 가리키는 곳에 달이 없다면 그 사이에 무엇이 변했는지 살펴보고 손가락의 방향을 바꾸어야 한다. 경주의 하늘에 달이 없어진 것이 아닌데, 계속 빈 하늘 쪽만 보고 있을 이유가 없지 않은가.

04.
공간 여행(1) 경주 시내

경주 관광 3대 코스

 어떻게 코스를 짜야 경주여행을 잘 했다고 칭찬받을 수 있을까? 경주여행 계획에서는 효율성이 최고 미덕이다. 봐야 하는 것은 너무 많고, 시간은 제한적이니, 효율성을 따질 수밖에 없다. 여기서 기계적 효율성을 좇아 최대한의 장소를 최소한의 시간에 주파하는 방식을 추천할 수는 없다. 오히려 취향을 살려야 한다. 자신이 무엇에 관심이 있고, 무엇을 보고 싶은지 되물어 보는 과정이 우선 필요하다. 그에 따라 선택과 집중을 잘 하는 것이 효율성 높은 여행일 것이다. 그러나, 무엇이 있고, 무엇이 좋은지 선이해가 없이는 그것도 쉽지 않은 일이다. 간략한 정리를 해보도록 하자.

경주여행에 참고할 괜찮은 여행 안내 책자도 적지 않고, 수많은 여행 유튜버들이 저마다 꼭 봐야할 장소를 리뷰해 놓았고, 인스타에는 반짝이는 핫스팟이 넘쳐난다. 그러나, 무엇을 보느냐도 중요하지만, 어떻게 볼 것이며, 왜 보는지는 언제나 더 중요하다. 경주는 일단 고적 도시니까, 주요한 고적을 중심으로 여행 계획을 많이 짠다. 그러나 우리가 역사기행을 온 것이 아니라면, 풀스케일 역사투어는 웬만하면 추천하지 않는다. 하루 이틀 일정에 파고들기에는 너무 방대한 역사가 펼쳐져 있는데, 그런 여행은 사전공부가 충분히 이루어지지 않으면 보아도 보이지 않는 것이 너무 많기 때문이다. 짧은 시간 내에 효과적으로 경주를 느낄 수 있도록 동선을 짜서 경주 전체의 그림을 먼저 머릿속에 넣어둘 수 있다면 최선이다. 그 이후에 좀더 관심이 가는 곳을 책도 읽고, 안내도 받아가며, 시간을 들여서 여유 있게 돌아보는 쪽을 권한다.

우선 경주의 대표적인 3개 권역을 먼저 훑으면 좋을 것이다. '시내 권역', '토함산-감포 권역', '안강 권역'으로 나눌 수 있다. '남산 권역'은 거리상 시내 권역과 연결도 되고, 입문 코스보다는 심화 코스로 찾으면 더 좋을 것 같아서 별도의 장으로 다루기로 한다.

첫째, '시내 권역'은 가장 보편적으로 많이 찾는 입문 코스이다. 도보로 한나절 정도 걸으면서 주요한 랜드마크를 돌아볼 수 있어서 시간과 비용 대비 가장 효율이 높은 코스라고 볼 수 있다. 출발은 시내의 봉황대 앞 정도가 좋다. 거기서 인근에 새로 개장한 금관총 전시관과 경주의 스카이라인을 형성하는 왕릉을 실컷 볼 수 있다. 대릉원 후문으로 입장해서 천마총을 보면 말에도 금장식을 했던 신라의 화려한 시절을 실감할 수 있다. 대릉원 정문으로 나오면 바로 첨성대, 반월성으로 이어진다. 최근에 해자를 발굴해서 정비한 반월성에 올라서 북쪽으로 보면 서라벌 왕경 전반이 눈에 들어온다. 거기서 동쪽으로 가면 동궁과월지, 국립경주박물관으로 갈 수 있고, 서쪽으로 가면 월정교와 최부자집으로 유명한 교촌을 들를 수 있다. 박물관은 하루 정도는 충분히 소진할 만큼의 문화재를 소장하고 있고 종종 특별전시회가 열리니, 미리 사전 정보를 확인해서 별도 일정을 잡는 것이 좋다. 일정에 반나절 정도를 더 추가할 수 있다면, 분황사와 황룡사지를 돌아보고, 고즈넉한 걷기를 즐긴다면 인근의 진평왕릉과 선덕여왕릉 사이에 봄가을로 색이 바뀌는 넓은 평야길을 경험할 수 있다. 혹은 형산강 건너편 서악에 가서 태종무열왕릉을 보고, 터미널 건너편의 김유신장군묘까지 챙겨보면 시내 쪽에서 바로 가볼 수 있는 곳은 대략 훑은 셈이다.

'시내 권역'은 과거에는 고적을 중심으로 찾아다니는 단순한 일정이었는데, 이제는 대릉원 서쪽 담을 따라 조성된 '황리단길' 덕분에 도보여행 틈틈이 가 볼만한 카페와 닷집 리스트가 대대적으로 늘어났다. 구도심 쪽은 시청이 외곽으로 옮겨가면서 상권이 많이 침체되었는데, 시내의 예전 경주역이 폐역이 되면서 도심재생 프로젝트가 진행되고 있어서 황리단에 이어 활력 있는 새로운 상권이 형성될 것으로 기대되고 있다. 시내 권역 투어는 지척에 고분들이 있어서 조금만 걷다 보면 경주 특유의 완만한 곡선이 눈에 익숙해지면서 마음도 절로 느긋해질 것이다. 고대 신라 왕경의 스케일이 어떠했을지 가늠을 해가며 한참 걷다가 서쪽 하늘에 석양이 물드는 것을 보면, 미리 찾아 둔 맛집에 들러 식사하고 시내의 숙소에서 하루를 마무리하면 된다.

둘째, '토함산-감포 권역'은 시내를 벗어나 동해 쪽으로 향하는 길인데, 보문단지-토함산-감포까지 한 축으로 이어지는 코스이다. 이 코스의 랜드마크는 토함산의 불국사와 석굴암이다. 불국사와 석굴암은 일제시대부터 관광지로 유명했지만 지금도 연간 방문하는 숫자가 어마어마하다. 다보탑과 석가탑은 전국의 어느 사찰 탑과도 비교할 수 없는 빼어난 작품이고, 불국사 정문에서 산길로 30-40분 걸어서 토함산을 오르면 도착하는 석굴암 역시 그 위상이 전혀 쇠하지 않았다. 과거 단체 수학여행 시절에는 불국사 앞 대규모 여관 단지에서 숙박을 하곤 했다. 지금은 대체로 숙박은 보문단지의 호텔이나 콘도를 이용하고, 차로 불국사와 석굴암을 둘러보는 쪽으로 바뀐 것 같다. 불국사 앞 관광단지 자리에는 아파트 단지도 들어서고 새로운 로컬 상권이 만들어지고 있는 중이다. 불국사 정문 인근에는 경주를 대표하는 두 명의 문인], 소설가 김동리와 시인 박목월을 기념하는 '동리목월문학관'이 세워져 있다. 두 작가의 문학세계를 잘 집약해서 보여주고 있어서 사람들이 즐겨 찾는 곳이다.

 시내에서 토함산으로 가는 길에 위치한 보문단지는 거대 리조트라고 볼 수 있다. 인공으로 조성한 보문호수를 중심으로 한쪽에는 호텔, 콘도 등의 숙박시설이 가득히 자리하고 있고, 반대편에는 엑스포 공원을 비롯한 여러 테마파크와 워터파크, 놀이공원 등이 자리잡고 있다. 그 사이로 골프장, 컨퍼런스 센터, 갤러리, 식당, 카페, 극장, 위락시설들이 빼곡하다. 가족이나 친구들이 그룹으로 여행 와서 며칠씩 쉬어 가는 모습을 많이 볼 수 있다. 원래는 토함산 거쳐 쾌 먼 길을 구비구비 가야 했던 감포는 불국사 앞쪽에서 도로가 뚫리면서 40-50분이면 시내에서 접근이 가능하게 되었다. 덕분에 경주시는 '경주에도 바다가 있다'며 감포 권역을 경주 여행의 범주로 넣어서 열심히 홍보를 하고 있다. 전통적인 어촌마을이지만 이제는 횟집만 아니라 예쁜 카페나 펜션도 많아졌고, 낚시나 캠핑을 즐기는 사람들이 많다. 감포에서는 문무대왕 수중릉, 갇은사지, 이견대 등을 다녀올 수 있는데, 바닷길이 예뻐서 걷거나 드라이브 코스로도 많이 이용하는 편이다. 이 코스의 약점은 대중교통 차편이 많지 않아 접근성이 떨어진다는 점인데, 자가용으로 찾는 이들이 압도적으로 많다 보니 이런 패턴이 쉽게 개선되기는 어려워 보인다.

셋째, 시내에서 포항 방면으로 북쪽을 향해 가다 보면 '안강 권역'이 나온다. 이 지역은 신라시대가 아니라 조선시대 이래의 역사적 흔적이 흥미롭게 집약되어 있다. 시내에서 벗어나자 마자 있는 '현곡' 지역은 동학의 발상지로 천도교에서 대대적인 성역화 작업을 하고 있다. 안강에 들어서면 유네스코 세계문화유산으로 등록된 옥산서원과 양동마을이 있다. 양동마을은 조선시대의 대표적 양반가문인 여주이씨와 그 외가인 경주 손씨가 집성촌을 이룬 곳인데, 과거의 종택을 비롯한 여러 채의 기와집과 초가집이 실제로 마을을 이루고 지금도 거주민들이 일상적 삶을 영위하는 모습을 볼 수 있다. 마치 조선시대가 지속되고 있나 착각할 정도로 자연스러운 생활공간이다. 안동의 하회마을과 더불어 전통가옥과 그 역사를 직접 경험할 수 있는 대표적인 공간일 것이다. 마을이 꽤 넓어서 여유 있게 한나절 정도 잡고 살펴보면 좋다. 인근의 옥산서원은 퇴계와 더불어 영남 성리학의 대표 학자로 꼽히는 회재 이언적을 기리는 곳으로 국내의 대표적인 서원 중 하나로 세계문화유산에 등재되어 있다. 계곡을 끼고 지은 독락당은 경치도 빼어나고, 이 곳을 다녀간 유명 문인들이 남긴 문장도 여럿 남아 있어 조선 선비들의 위엄과 품격이 서린 공간이다. 이쪽은 고택에서 숙박을 할 수 있는 상황이 아니라면 당일치기로 다녀오는 경우가 일반적이다. 역시 대중교통편이 자주 없어서 자가용을 이용하는 편이 좋다.

경주 시내 추천 코스

시내 권역 도보 여행은 앞서 소개한 것처럼, 몇 개의 관심 있는 지점을 선으로 연결해서 코스를 짜는 작업이다. 각자의 취향과 관심에 따라 경로를 만들면 된다.

1) 왕릉과 고분군

경주에는 고분이 많기도 하지만, 시내 중심가에 자리 잡고 있어서 쉽게 눈에 띈다. 경주를 여행하는 많은 사람들이 이 고분들이 경주를 대표하는 이미지라고 생각한다. 그래서 경주의 첫 인상은 '무덤의 도시'란 느낌을 주기 쉽다. 그러나, 잠시만 다녀 보아도 경주의 고분은 죽음이란 어두운 느낌보다는 따뜻하고 해맑은 기운을 준다. 불과 20-30년 전까지도 시내 고분들 사이에는 민가가 빽빽하게 들어서 있었다. 경주시는 그 민가들을 다 보상하고 철거하면서 시내 공간을 비워냈다. 경주 사람들에게 고분은 집 옆의 언덕이었다. 올라가 드러눕기도 하고, 겨울에는 포대자루를 깔고 눈썰매를 타기도 했던 생활공간의 일부분이었다. 지금은 볼 수 없는 그 시절의 고분과 그 옆에 들어선 민가의 모습은 홍상수의 영화 <생활의 발견>에 잘 담겨있다.

시내의 고분군은 봉황로를 사이에 두고 동서로 '노서리 고분군'과 '노동리 고분군'으로 나뉜다. '노서리'에는 금관총과 서봉총이 있고, '노동리'에는 봉황대가 있다. 일제시대에 발굴된 대표적 고분인 금관총은 이제야 제대로 수습이 되어 전시관이 만들어져서 2022년에 개장했다. 서봉총은 일제시대에 스웨덴 황태자가 와서 금관 발굴에 참여했다고 해서 스웨덴을 뜻하는 '서전(瑞典)'의 첫 글자가 들어갔다. 거기는 원래 다 민가가 있던 자리다. 지금은 젊은이들이 고분 사이에서 피크닉을 하고, 사진을 찍는 공원이 되어 있다. 거기서 태종로를 건너 남쪽편은 '황남리 고분군'인데 흔히 대릉원이라 부른다. 대릉원 안에는 금관과 화려한 금장식 마구와 천마도가 나온 천마총이 있고, 고분 중 가장 규모가 큰 황남대총, 경주 김씨로 첫 왕위에 올랐다고 알려진 미추왕릉 등이 있다. 대릉원 서편 담장을 따라서는 현대적인 황리단길이 조성되어 있는데, 동편 담장 건너편은 2004년부터 발굴이 시작된 '쪽샘 고분군'이다. 이곳 역시 오랫동안 술집과 민가가 밀집해 있던 지역인데, 동네를 다 철거하자 여러 기의 고분들이 모습을 드러냈다. 지금도 활발하게 발굴 작업이 이뤄지고 있고, 쪽샘 초입에는 고분 내부를 직접 볼 수 있는 쪽샘유적발굴관을 2014년에 개관했다.

서악에 있는 태종무열왕릉 정도를 제외하면 대부분의 왕릉은 정확한 주인이 누구인지 확인되지 않은 상태이다. 왕이 묻힌 곳을 능(陵), 아마도 왕족이나 귀족이 묻힌 것으로 추정되는 경우를 일러 총(塚), 그 외에 정체가 불확실한 무덤은 그냥 고분(古墳)이라고 부른다. 소설가 강석경 선생은 경주에서 지낸 몇 년간의 감상을 주요한 능에 대한 소회로 풀어낸 산문집 <능으로 가는 길>(창비, 2000)을 펴낸 바 있다. 선생의 안내를 따라 주요한 능 몇 군데를 다녀봐도 좋겠다. 시내 권역에서 어렵지 않게 갈 수 있는 왕릉으로는 낭산에 있는 선덕여왕릉, 낭산을 마주보는 평야에 자리한 진평왕릉, 서악의 구열왕릉 및 고분군 등을 꼽을 수 있다.

2) 신라 왕경

2020년부터 시행된 '신라왕경 특별법'이라는 것이 있다. 신라의 왕궁이었던 월성과 그 인근의 주요한 유적들의 발굴과 복원 사업을 지원하도록 하는 법이다. '왕경(王京)'이란 왕이 거주하고 정치활동을 하던 공간을 뜻하는데, 현재의 경주 시내에서 월성을 중심으로, 황룡사, 동궁과 월지, 첨성대 등을 아우르는 지역을 지칭한다. 반월성(半月城)이라고도 불리는 월성(月城)은 수백 년간 왕궁이 있던 자리라 그 아래 묻힌 유물과 켜켜이 쌓인 세월의 흔적이 매우 깊고 복합적이다. 과거 고고학자들이 발굴을 시도했으나, 엄두를 내지 못해서 다시 덮었던 적도 있다고 하고, 지금 진행되고 있는 월성 내부 발굴 작업도 얼마가 걸릴지 알 수 없는 대규모 사업이다. 월성 앞쪽의 해자는 복원이 이루어져서 현재 개방되어 있는데, 월성 성벽에서 첨성대 방향으로 내려다보면 옛 서라벌 전체를 보는 듯한 대단한 장관을 이룬다. 월성의 서쪽 동네는 향교(鄕校)가 있어서 교촌(校村) 혹은 교리(校里)라고 불리는데, 거기에는 남천을 가로지르는 월정교가 복원되어 있다. 인스타 핫플레이스로 많은 사랑을 받고 있지만, 다리의 위치와 석축의 존재 외에 다리 위의 모습은 직접적인 근거 자료 없이 이루어진 것이라 하여 이에 대한 비판이 존재한다. 향후 신라왕경 발굴 작업 후 복원 사업을 하겠다고 할 때 이런 문제가 다시 논란이 될 가능성이 있다.

고고학적 발굴이 중요한 문제이긴 하나, 월성 내부를 향후 수십 년간 계속 파헤쳐진 상태로 내버려두는 것이 맞는 선택인지, 그리고 복원이라고 해서 그 자리에 왕궁이라고 재현한 건물을 만들어 놓는 것이 과연 올바른 방향인지도 고민해 볼 필요가 있다. 사라진 역사는 사라진 대로, 무너진 자리는 무너진 대로, 빈 공간은 비어 있는 그대로 놓아두는 것이 더 상상력을 자극하고, 그 공간의 역사와 맥락을 존중하는 것이 아닐까? 나는 어릴 때 즐겨 걸었던 월성의 호젓한 빈 공간의 느낌을 더 이상 찾을 수 없어서 매우 아쉽다. 그때 거기는 비어 있었지만, 꽉 찬 공간이었다. 학교 공부를 마치고 집으로 돌아가는 길에 들러 월성을 한 바퀴 돌면서 쬐었던 볕과 쐬었던 바람은 계절마다 특별했다. 그 공간에 재현된 왕궁과 기념관이 가득 들어차면 신라의 왕궁이 복원되는 것인가? 나는 아마 납득하기 어려울 것 같다.

3) 걷기와 자전거

경주 시내는 평지라서 걷거나 자전거를 타기에 좋다. 고속터미널 앞에는 자전거, 스쿠터, 전동킥보드 등을 빌릴 수 있는 곳이 많고, 시내 곳곳에서도 앱으로 빌려 탈 수 있는 탈 것들이 점점 더 많아지고 있다. 시내 주요 유적지를 다니는 데에는 자전거 길이 괜찮다는 평이다. 강변 자전거 도로를 따라가면 보문단지까지도 갈 만하다. 다만, 시내에서 자전거를 빌려서 불국사를 가겠다는 만용은 부리지 않는 것이 좋다. 거리도 멀고, 보문단지 지나면 오르막 내리막이 많아 가기도 힘들뿐더러, 갔다가 체력이 소진되고 나면 돌아오는 것은 더욱 불가능한 미션이 되기 십상이다. 친구들이나 일가족이 전동카트를 타고 시내를 다니는 모습을 종종 보는데, 코스가 완비된 것은 아니어서 장애물에 막히거나 차도로 지나가게 되어 당황하는 경우가 있어 카트로 시내 전체를 돌아보기에는 난점이 있다.

경주는 밤에 걷기가 좋다고 했는데, 실제로 경주시와 민간단체에서 '경주 문화재 야행', '신라달빛기행' 등 걷기 행사를 연중 몇 차례 열고 있다. 이런 잘 기획된 이벤트에 참가해도 좋지만, 개인으로 코스를 정해서 걸어도 충분히 신라의 달밤을 즐길 수 있다. 특히 시내 권역에서 소개한 대부분의 장소는 저녁이 되면 조명이 아름답게 비춰지고, 많은 사람들이 다니기 때문에 안전하기도 하고, 낮시간에 느끼지 못하는 정취를 만끽할 수 있다. 특히 고적들만 아니라 고분과 숲은 조명 아래서 전혀 새롭게 재발견된다. 이 풍경을 보지 못한다면 경주에서 느낄 수 있는 가장 아름다운 모습을 놓치는 것이라 생각이 든다. 경주는 식목일 시기에 벚꽃이 만발하기로 유명한 곳인데, 특히 밤에 조명 아래 연출된 밤벚꽃은 황홀하다.

스페인의 산티아고길, 제주 올레길, 서울 둘레길, 동해안 해파랑길 등 트레킹을 즐기는 사람들은 계속 늘어나고 있다. 걷기는 단순한 운동에서 인문학적 성찰과 마음을 돌아보는 가장 대표적인 행위로 진화하고 있다. 걷는 행위가 단지 점과 점을 잇는 실용적 행위에 머물지 않고, 자신의 몸과 마음에 안식을 제공하면서 말을 거는 복합적 구도행위로 격상되고 있다. 경주에서 이런 성찰적 트레킹을 시도하려면 다음에 소개할 '소나무 숲길'과 '경주 남산'이 권할 만하다. 혹은 황룡사에서 진평왕릉 사이의 너른 평야를 걷는 것도 추천할 만하다. 이 평야는 시원하게 구획된 논이다. 봄에는 청보리를 볼 수 있고, 가을에는 잘 자란 벼가 황금빛으로 익어가는 것을 볼 수 있다. 동궁과 월지 앞이나, 분황사 혹은 황룡사지쯤에서 출발해서 진평왕릉 방향으로 길을 잡고 넓은 들판을 하염없이 걸어가면 된다. 중간에 경주 톨게이트에서 포항으로 향하는 산업도로를 건너야 하는 문제가 있지만, 통로만 잘 찾아서 넘어가면 누구도 훼방하지 않는 혼자만의 긴 산책을 즐길 수 있다.

꼭 가봐야 할 숲들

경주는 소나무 숲이 좋다. 아마 배병우 작가의 새벽녘 사진으로 유명한 삼릉의 소나무 숲이 가장 유명하고 인상적일 것이다. 그러나, 삼릉은 남산을 오르는 대중적인 코스의 초입에 있기도 하고, 산비탈이라 등산의 시작점으로는 무방하나, 산책을 위해 찾기에 편한 곳은 아니다. 시내에서 좀 떨어졌다는 점에서 접근성도 떨어진다. 시내에서 찾기 쉬운 숲길 세 곳을 소개한다.

1) 대릉원 소나무 숲

직접 산책을 할 수 있는 숲 중에 가장 접근성이 좋은 곳은 '대릉원 숲길'이다. 대릉원 후문으로 들어가면 바로 연꽃이 있는 연못이 있고, 오른편에 천마총이 있고, 정면에는 경주에서 가장 큰 고분인 황남대총이 보인다. 나는 주로 왼쪽 길을 따라 정문 방향으로 걷는 편인데, 대릉원 중간에 오죽(烏竹)이 있는 마당에서 다시 왼쪽 길을 택하면 고분 옆 배롱나무, 모과나무, 산수유나무 등과는 수종을 달리하는 키 큰 소나무 숲이 시작된다. 미추왕릉을 오른편으로 보며 천천히 굽이치는 이 소나무 숲길은 호젓하다. 특히 저녁시간 산책이 좋다. 서쪽 하늘을 한번 벌겋게 물들인 노을이 잦아들고, 길에는 가로등 불이 노랗게 들어왔는데, 눈을 들어 위를 보면 길쭉한 소나무들이 연출한 그윽한 실루엣을 볼 수 있다. 그 사이로 때로는 별이 보이고, 어떤 때는 달이 보이고, 어떤 때는 아주 어두운 밤하늘을 올려 볼 수 있다. 5분 혹은 10분이 안될 그 짧은 산책은 참으로 포근한 위로가 된다.

2) 황성공원

　관광객들은 잘 모르지만, 경주 시민들에게는 익숙한 숲으로 '황성공원'이 있다. 경주 공설운동장을 둘러싼 시민공원 안에 있는 오래된 소나무 숲이다. 이제는 시립도서관도 인근에 있으니 도서관에서 지식을 채우고, 운동장에서 체력을 키웠으면, 숲길을 걸으며 감성을 다독일 만하겠다. 운동장 옆에 동학 2대 교주 해월 최시형의 동상이 서있다. 나는 산책하러 왔다가 경주가 동학의 발원지인 것을 이 동상에서 처음 알았다. 넉넉하게 펼쳐진 소나무 숲은 참으로 풍요롭다. 여름에는 좀 습한 느낌이 있어서 여름을 제외한 다른 모든 계절이 소나무 아래 켜켜이 쌓인 뾰족한 솔잎을 밟고 다닐 수 있어 좋다. 군데군데 떡갈나무도 있어서 마른 낙엽을 밟는 기분도 좋다. 겨울에는 아이들이 마른 낙엽의 소리가 좋아 마구 뛰어다니기도 하고, 눈처럼 흩뿌리며 놀기도 한다. 이 숲에는 청설모가 꽤 많이 산다. 먹고 살기가 궁한 겨울이면 자주 땅으로 내려와 산책하는 사람들을 아랑곳하지 않고 여기저기를 뛰어다닌다. 아이들이 다가가도 도망가지 않고, 동영상을 찍어도 자연스레 행동한다. 운이 좋은 날은 딱따구리 소리를 들을 수도 있다. 같이 걸었던 지인들에게 경주에서 가장 평안하고 만족스러운 산책이었다는 호평을 들었다. 남녀노소 모두 한가롭게 거닐 수 있는 운치가 있는 숲이다. 숲이 끝나는 지점의 작은 동산 위에는 경주의 영웅인 김유신 장군의 기마상이 북쪽 방향으로 서 있다. 동상의 휘호는 박정희 전 대통령의 글씨다. 무신을 영웅시했던 그 시절 시대정신의 한 대목을 충분히 읽을 수 있다. 동산을 내려오면 길 따라 경주 출신 문인들의 기념비가 여러 개 서 있다. 박목월의 '송아지' 시비(詩碑)를 여기서 볼 수 있다.

3) 계림

내가 개인적으로 가장 깊은 인상을 받은 숲은 첨성대와 반월성 사이에 있는 '계림'이다. 아마 경주에서 가장 오래된 숲일 것이다. <삼국유사>는 제4대 탈해왕 시절 이 숲에서 닭이 우는 가운데 김알지가 황금 궤짝에서 나왔다고 기록한다. 원래 시림(始林)이라 불렸으나, 닭이 울었다고 해서 계림(鷄林)이란 이름을 얻었고, 이는 곧 신라를 뜻하는 여러 이름 중 하나가 되었다. 문헌 기록만으로도 2,000년을 간단히 헤아리는 이 숲은 내 어린 시절에는 줄곧 사생대회가 열리는 장소였다. 월성에서는 백일장이 열려 시와 산문을 썼고, 계림에서는 그림을 그렸다. 숲 가운데 있는 사당과 그 앞의 나무 모양만으로도 그림이 여기서 그려진 것인 줄 알아볼 정도다. 몇 해 전 고향으로 내려와 이 숲을 걷다가 가운데에 있는 노거수(老巨樹) 세 그루 앞에 서서 한참을 멍하니 있었다. 해가 지고 가로등이 들어오면 이 오래된 나무를 비추는 조명에도 불이 들어온다. 불빛 아래 모습을 드러낸 나무의 형체는 그로테스크하다. 근육이 마구 뒤틀린 노쇠한 프로메테

우스 형상 같다고 느끼기도 했는데, 이미 둥치의 속이 다 빠져나간 자리를 흙으로 메워 놓은 모습은 처연하기도 하다. 스스로 버티고 설 수 없어서 기둥을 받쳐 놓은 모습은 노년의 뼈와 근육이 육체를 지탱하지 못하는 어긋남을 보여주는 것 같아서 몹시 쓸쓸하게 느껴졌다. 세월이 할퀴고 지나간 잔해란 저런 것이구나, 잔인하구나, 그러나 저 나무들은 버티고 있구나, 늙고 병든 것을 수치스럽게 여기지 않고, 지지 않고 서 있구나. 잔잔히 위로가 되는 부분이 있었다.

압권은 계림 입구에 있는 회화나무이다. 수령을 1,300년으로 추산하는 이 나무는 아래 둥치가 거의 다 죽었고, 지금은 나무의 껍질 일부만 살아남아 있다. 그런데 거기서 매년 잎을 내고 가지를 뻗어낸다. 나는 그 모습이 너무 경이로웠다. 자기 몸의 99%가 죽고 없어졌는데, 생명을 이어가고 있다. 매번 이 나무 앞에 서면 숙연해진다. 오래전 소설가 이윤기 선생이 방송 인터뷰 중에 자신이 도끼로 나무를 벤 적이 있는데, 넘어간 나무의 나이테를 세었더니 자신의 나이와 같더라며 갑자기 먹먹해서 말을 잇지 못하는 장면을 본 적이 있다. 오십, 육십 나이를 먹은 나무가 쓰러져도 그 동년배 인간의 마음에 둔탁한 충격이 일어나는데, 1,300년 세월을 견딘 장엄한 존재 앞에서 매번 마음이 요동치지 않을 도리가 없다. 나는 계절이 바뀌고 해가 바뀔 때마다 꼭 계림의 회화나무에 들른다. 그 나무가 아직 거기에 있다면, 이상하게 희망이 느껴지는 것이다.

05.
공간 여행(2) 경주 남산

경주 시내를 보았고 인근의 주요 권역이 머리 속에 어렵지 않게 그림이 그려지는 사람이라면 이제 여기서 한 발 더 나아가 경주 남산에 도전해 보라고 권하고 싶다. 처음에는 경주 남산에 가자고 하면 '등산하자'는 이야기로 알아듣는다. 등산을 좋아하지 않는 이들에게는 난데없고, 등산을 좋아하는 이들에게는 어설픈 이야기로 들릴 것이다. 경주 남산은 최고봉인 금오봉과 고위봉이 다 500m가 되지 않는 낮은 산이다. 1,000m 넘는 봉우리가 아홉 개나 되는 영남 알프스가 톨과 자동차로 30분 거리인데, 한 시간 안팎이면 정상에 오를 수 있는 정도의 산으로는 등산을 즐기는 이들의 마음을 동하게 할 수 없다. 남산에 불상이며, 다양한 유적이 있다고는 해도 박물관에서 다 볼 수 있는데 굳이 산에 가서 보아야 하는지 선뜻 동기부여 하기도 어렵다.

그러나, 나는 남산이 경주에서 차지하는 특별한 위치를 음미하기 시작한다면 누구나 경주를 한 발 더 깊이 들어가는 경험을 할 수 있을 것이라 생각한다. 당신이 등산을 좋아하지 않아도 좋고, 역사에 조예가 없어도 괜찮다. 불교 유적에 관심이 없어도 상관없다. 나도 무심하게 남산을 오래 다니다가 언젠가부터 질문이 생기기 시작했다. 도대체 남산은 어떤 곳이기에 이토록 많은 사람들이 그 오랜 세월 동안 이렇게 많은 흔적을 남겼는가? 그들은 남산에 왜 올랐고, 여기서 무엇을 구했던 것인가?

남산의 4개 권역

남산에 대한 첫번째 진입장벽은 남산 전체에 대한 조망 없이 개별 코스에 접근하기 때문일 것이다. 낯선 산을 앞사람 꽁무니만 바라보고 오르내리는 일이 흥미로울 수는 없다. 그 경로에서 만나는 이런 불상, 저런 석탑이 신기하기는 하겠지만, 그렇다고 갑자기 고고학이나 역사학 지식을 소환하거나, 검색으로 확인한 교과서적 정보를 되뇌는 것이 그렇게 재미있는 일이 아닐 수 있다. 나는 혼자 혹은 그룹으로 몇 년째 남산을 여러 코스로 올라보고 있다. 간간이 전문가들이 쓴 글도 읽어가면서 남산 전체에 대한 대략적 그림이 생기자 이 산이 갖고 있는 특색이 훨씬 도드라져 보였다.

남산은 남북으로 8km, 동서로 4km 정도 펼쳐진 길쭉한 산이다. 이 산에는 금오봉(468m)과 고위봉(494m)이 있는데, 금오봉이 가운데에서 조금 북쪽, 고위봉이 조금 더 남쪽 봉우리다. 남산을 편의적으로 상하좌우 사분면으로 나누어서 '동북권', '동남권', '서북권', '서남권'으로 구분해서 설명을 하도록 하겠다.

1) 동북권: 불상들의 골짜기

'동북권'은 국립경주박물관 수장고 쪽 남산 자락에서 통일전까지 이르는 남산 기슭을 말한다. 산 아래쪽에는 '경상북도 산림환경연구원'이 있는데, 방대한 부지에 다양한 수종의 나무와 숲을 경험할 수 있어서 산책과 사진을 찍기 위해 많은 이들이 찾는다. 산기슭을 따라 통일전까지 가는 길에는 유명한 불상들을 만날 수 있는 곳이 여럿 있다. 불곡 감실 마애여래좌상(보물 198호), 옥룡암의 탑곡 마애불상군(보물 201호), 미륵곡 보리사 석조여래좌상(보물 136호) 등이 대표적이다. 감실부처상은 일명 '할매 부처'라고 불리는데 경주에서 가장 오래된 불상이다. 석굴 내부를 투박한 모양으로 깎아서 조성한 정겨운 형태의 부처상을 만날 수 있다. 옥룡암의 마애불상군은 10m 높이 큰 바위 사면을 부처, 탑, 사람, 각종 문양 등의 부조로 가득 채우고 있어 매우 흥미로운 볼거리를 제공한다. 보리사에 들르면 석굴암 본존불을 예견하게 하는 단아하고 세련된 석불좌상이 있다. 신라 불교의 중흥기에 제작되었으리라 추정하는데 거의 온전하게 보존되어 있어서 놀랍다. 산기슭을 걸어서 반나절이면 신라 불상의 가장 초기 형태에서 가장 세련된 형태까지 한 번에 모두 볼 수 있다.

2) 동남권: 칠불암, 신선암, 기적의 불상

'동남권'은 남산의 동쪽편 산기슭에 있는 통일전에서 칠불암과 그 남쪽 아래까지 포함하는 영역이다. 통일전은 삼국통일의 위업을 기리고 그 정신을 계승하자는 취지로 박정희 대통령의 지시로 1977년 조성된 공간으로 김유신, 태종무열왕, 문무왕 영정을 모시고 있다. 청소년 수련공간으로도 쓰였고, 신라문화제의 성화 채화식을 했던 곳이다. 통일전 부근에서 남산을 오르는 몇 개의 산행 루트가 시작된다. 이쪽 루트는 금오봉을 향해 오르는 길로, 주로 동서로 산을 횡단할 때 오가는 가장 짧은 코스이다. 여기는 산을 오르며 볼 수 있는 유적은 별로 없는 코스라서 통일전에서 조금 더 남쪽으로 내려가면 있는 칠불암 루트를 선호하는 경우가 많다. 숲길을 거쳐 30-40분만에 칠불암에 오를 수 있는데, 국보로 지정된 일곱 개의 마애불상군(국보 312호)이 있는 산중 암자이다. 거기서 10여분을 더 오르면 칠불암이 내려다 보이는 큰 바위에 부조로 새겨진 신선암 마애보살반가상(보물

199호)을 볼 수 있다. 등산코스로도 좋고, 불상과 남산의 경관이 아름답게 조화를 이루는 곳이다.

남쪽 끝에서 칠불암을 향해 오르는 열암곡 코스에서는 2007년 우연히 발견된 '기적의 불상'이 있다. 높이 560cm에 80톤 규모의 거대한 바위에 조각된 이 불상은 앞으로 엎어진 상태로 흙과 낙엽더미에 가려져 있었다가 발견되었다. 코가 땅과 불과 5cm 밖에 되지 않는 아슬아슬한 간격을 유지하고 있었는데, 안면이 전혀 훼손되지 않은 상태로 나와서 기적이라며 언론에 많이 보도가 되었다. 그간 여러 번의 논의가 있었지만 워낙 바위가 크고, 근처 지반이 약해서 아직 일으켜 세우지 못하고 있다. 현재는 넘어진 상태 그대로 옆모습을 볼 수 있도록 공간을 조성해 놓았다.

3) 서북권: 삼릉과 신라의 역사가 서린 공간들

'서북권'은 신라의 역사의 주요한 장소들이 산기슭에 산재한 곳이다. 신라 왕조의 시조인 박혁거세 탄생 설화의 장소인 나정(蘿井), 아마도 제례공간으로 사용되었을 것으로 추측되지만 왕족들의 연회장이자 신라 패망의 비운의 역사공간으로 알려진 포석정(鮑石亭) 등이 있다. 신라의 시작과 끝이 다 이 지역을 배경으로 하고 있다. 서북권은 오릉에서 길을 따라 삼릉까지 이르는 남산 기슭인데, 다수의 절터와 탑과 불상군이 산재해 있다. 아마도 신라의 왕궁인 월성에서 다리 하나를 건너면 바로 접근이 가능한 남산 일대였기 때문일 것이다.

이쪽에서는 금오봉을 향해 산을 오르게 되는데, 코스가 여럿이다. 접근성이 좋고 오르는 과정에 경관이 좋아서 볼거리가 풍부한 산행이 가능하다. 나정 앞 당간지주나 포석정에서 출발해도 되고, 배동 석조여래삼존입상(보물 63호) 쪽에서 산을 오를 수도 있는데, 이쪽의 가장 대표적인 코스는 삼릉곡이다. 새벽 안개와 어우러진 소나무 숲 사진으로 유명한 삼릉에서 시작해서 상선암까지 오르는 길에는 입상, 좌상, 선각, 부조 등 각종 형태로 조성된 불상들을 연달아 만날 수 있다. 상선암을 거쳐 금오봉으로 오르다 보면, 지금은 출입통제를 하고 있어서 직접 갈 수는 없지만, 거대한 바위에 6m 높이로 새겨진 유명한 마애석가여래좌상이 내려다보인다. 산세와 어우러져 장관이다. 남산은 능선을 따라 임도가 조성되어 있어서 일단 산위에 오르면 평지를 걷듯 편하게 다닐 수 있다. 북쪽의 금오봉에서 남쪽의 중심인 고위봉까지는 능선을 따라 3km 남짓 걸으면 도달한다. 두 봉우리를 다 주파하는 남산 종주를 하면 대여섯 시간은 걷게 되지만, 능선을 따라 임도길을 걷거나 어렵지 않은 계곡길을 따라가기 때문에 비교적 평이한 코스로 볼 수 있다.

4) 서남권: 용장사, 용장골, 이무기능선

'서남권'은 삼릉에서 남쪽으로 더 내려간 영역인데, 여기는 위쪽의 금오봉보다는 아래쪽의 고위봉을 목표로 산을 오르게 된다. 산 아래 용장골 주차장에서 출발해서 아름다운 용장계곡길을 따라 용장사를 향하는 길이 주로 찾는 루트다. 용장사 절터에는 산 전체를 기단부로 삼아 단아하게 쌓아 올린 용장사곡 삼층석탑(보물 186호)이 단연 주목대상이다. 바로 옆에는 3m 높이의 대좌 위에 올려져 있는 목 없는 석조여래좌상(보물 187호)을 볼 수 있고, 바위에서 튀어나오듯 부조로 아름답게 새겨진 마애여래좌상(보물 913호)도 있어 작은 절터에 밀도 높게 유물들이 어우러져 있다. 용장사는 매월당 김시습이 경주로 찾아와 8년간 머무르며 <금오신화> 등 저술을 남긴 곳이기도 하다. 등산을 즐기는 이들은 계곡길 말고 암릉 타는 느낌을 제법 낼 수 있는 이무기 능선을 택해서 고위봉으로 직행하기도 한다. 남산의 여러 코스 중 산행으로는 가장 역동적인 루트다.

  남산을 이렇게 4개 권역으로 구분해 놓으면 산행 경로를 잡기가 용이하다. 진입점과 진출점을 정하고, 어디서 모여서 어디를 거쳐 어디로 내려오고, 그 인근 어디서 밥을 먹을 것인지 정하면 간단하다. 처음 경주를 찾은 이들에게는 삼릉왕복코스를 권한다. 시간과 거리 대비 가장 흥미로운 경로가 될 것이다. 조금 길게 걷는 횡단 코스로는 삼릉으로 올라서 칠불암으로 내려오는 길도 가볼 만하다. 도보여행자들은 오가는 교통편이 우려되겠지만, 노선버스를 탈 수도 있고 일행이 몇 명 되면 택시로 이동해도 될 정도의 거리다. 대략 6~10km 정도를 걸으면 남산의 주요한 지점들을 탐험할 수 있는 하루 코스를 잡을 수 있다.

신라인의 이상향

처음 남산을 오를 때에는 등산의 목적이 컸다. 유물들은 경주 거주자에게는 그다지 낯선 것도 아니고, 언제든 내력을 찾아볼 수 있으니 굳이 산에서 매번 주목할 일은 아니라고 생각했다. 그러나, 여러 번 산을 오르내리다 보니 왜 신라 사람들은 남산에 이토록 밀도 높게 불상과 절과 탑을 세웠을까 묻지 않을 수가 없었다. 남산에서 발견되는 이런 양상이 그들의 동시대 종교 체제나 문화와는 어떤 관계였을까도 궁금했다. 가만히 생각해 보면 남산은 불국사와 석굴암이 있는 토함산과는 매우 다른 느낌을 준다. 토함산에 있는 불국사와 석굴암은 국가적으로 잘 기획해서 오랜 시간 조성한, 그 시대 최고의 역량이 집중적으로 투입된 거대 프로젝트이다. 반면, 남산은 글자 그대로 다양한 인간군상과 시공간이 뒤섞인 중구난방이다. 골짜기마다, 바위마다, 빈틈없이 치성을 드린 흔적이 보인다. 그리고 그 이력은 어느 한 시기의 단일한 결과물이 아니라 오랜 세월에 걸쳐 누적되어 있는 복잡다단한 상호작용의 산물이다.

남산은 어느 누구의 기획에 따른 것이 아니라 남산을 거쳐간 모두의 흔적을 안고 있다. 그 흔적은 산 아래 동네와 교감한 자취가 뚜렷하다. 어떤 때에는 서라벌의 단아한 불상 조각 트렌드에 선행하는 투박하고 거친 모양이 남산에서 먼저 싹트기도 했고, 어떤 때에는 산 아래에서 유행하는 전형적인 조형방식을 마음대로 비틀고 변형함으로써 어떤 흐름이 이미 하나의 생명 주기를 마감하고 잦아드는 시기에 접어들었다는 조짐을 보여주기도 한다. 가끔은 기존의 문법에 구애 받지 않는 새로운 상상력이 저 혼자 분을 이기지 못하고 야심차게 돌출하기도 한다. 산 전체가 거대한 에너지가 제멋대로 분출하는 종교의 용광로 같다.

학자들은 신라인들이 불교 이전에 '바위신앙'이라 칭하는 민간신앙 전통을 가졌다고 말한다. 남산의 온갖 바위들에 서린 예사롭지 않은 기운은 불교를 만나 종교적 형상화를 할 수 있었고, 다양하게 분출되었다. 선각으로 바위에 새기거나, 반부조로 얼굴과 상반신은 바위 바깥으로 나왔지만 하반신과 배후는 바위 안에 머물기도 하고, 완전히 독립된 좌상과 입상을 여기저기에 남기기도 했다. 신라사람들이 바위를 다루는 방식은 서양 중세의 유명한 미술 논쟁을 상기시킨다. 회화가 위대한가, 조각이 위대한가를 두고 레오나르도 다빈치는 회화를 예찬했으나, 미켈란젤로는 조각을 옹호했다고 한다. 조각이란 재료 속에 이미 들어있는 본질을 꺼내기 위해 불필요한 것을 깎아내며 파고드는 본질추구의 과정이라고 본 것이다. 큰 바위 앞에 서면 인간은 늘 자신의 왜소함과 한계를 실감하며 바위로 대표되는 어떤 숭고함의 감정을 인식하게 된다. 남산의 바위에 새겨진 불상들은 신라인들이 어떤 질문과 대결하고 있었는지를 고스란히 보여주는 것 같다.

나는 아마도 토함산이 아니라 남산이 신라인들에게 더욱 '불국정토(佛國淨土)'로 여겨졌을 것이라 생각한다. 서라벌의 주민들에게 남산은 월성 뒤의 남천을 건너면 바로 다가갈 수 있는 물리적으로 접근이 용이한 산이기도 했고, 이미 이 산 전체에 널리 분포하고 있는 종교적 상징물은 민중들과의 다양한 교감과 상호작용이 누적된 작품들이기도 했다. 남산은 신라인들에게 자신들이 누구인지 보여주고 비춰주는 거울 같은 상상의 공간이었다. 물론 산 아래에는 이론적 체계와 조직을 갖추고 막강한 영향력을 자랑하는 제도 종교가 있다. 이 종교 체제가 사람들의 종교적 상상력을 장악해서 그에 부합하는 거대한 기획과 각종 프로젝트를 끊임없이 생산하는 하나의 시스템이었다면, 그 체제에 부합하지 않는 온갖 결핍된 종교적 차원은 남산에서 발산되었다고 볼 수 있다. 남산에서 발견되는 온갖 불상들은 미학적으로 고르지 않다. 어떤 것은 매우 수준 높고 단아하지만, 어떤 것은 이론의 여지없이 조잡하고 미숙하다. 중요한 것은 이런 격차와 불균형이 산 아래 서라벌에서는 아무렇지 않게 공인되거나 채택되는 일이 없겠지만, 이곳 남산에서는 버젓이 바로 옆 골짜기에, 혹은 같은 바위에 나란히 새겨질 수도 있었다는 점이다. 남산에서 신라인의 욕망은 고르고 넓게 받아들여졌다. 그런 욕망들이 각축하며 향유되는 현장을 보고 있는 것이다. 덕분에 우리는 1,000년이 넘게 버텨온 그 잡다한 목소리를 한 곳에서 동시에 들을 수 있다. 그것이 '싸우면서도 화합하는(和諍)' 불교적 이상의 한 모습이라면 우리는 그것을 신라의 초대형 사찰이 아니라 남산 골짜기에서 맞닥뜨리고 있는 것 아니겠는가?

물론 이런 공간을 열어 두는 것은 늘 체제의 설계자들에게는 위협 아니면 불온한 것으로 간주된다. 남산 계곡의 목 잘려진 불상들은 흔히 일제의 행태라고 알려져 있곤 하지만, 상당수는 더 오래 전 유림 선비들의 짓이었을 가능성이 있다. 우상 타파를 내건 계몽 세력은 어느 시대, 어느 문명에도 등장한다. 동양권에서는 불교를 배척하고, 유교를 숭상하는 선비의 시대가 펼쳐졌을 때 경험된 바 있다. 조선시대의 유력한 서원들이 인근 절을 허물어 그 기둥과 서까래를 통째로 가져다 지은 경우가 적잖이 있었음을 상기할 필요가 있다. 서구에서는 8세기 비잔틴 제국의 성상파괴운동(iconoclasm)을 비롯해서, 우상숭배를 비판하고 상징물을 파괴하는 '정화운동'이 한두 번이 아니었다. 종교운동만 아니라, 중국의 문화혁명이나 탈레반이나 IS의 고대 문화재 파괴도 마찬가지다. 열성적 이데올로기 운동이 어떤 것을 우상숭배로 지목하고 이를 파괴하는 것으로 충성과 헌신을 입증하라고 요구할 때 이런 일은 늘 발생한다.

남산이 산 아래 서라벌 땅에 융성하던 신라왕궁의 체제

이데올로기가 아니라, 좀더 허술하고, 좀더 노골적이고, 그래서 좀더 창의적인 욕망이 받아들여지고 표현되는 공간으로 열려 있었던 탓에 그곳은 모든 시대에 성스럽고, 은밀하고, 무심하고, 성실한 마음들이 표출되는 공간으로 기능했다고 나는 생각한다. 이 고대의 이상향은 지금은 흙에 덮이고, 낙엽에 감추어져 동네 뒷산을 오르는 조기운동 산행 코스 정도로 간주되고 있지만, 내가 바라는 것은 이 산을 오르는 이들이 그 발에 채이는 돌덩어리와 무너진 삼층탑과 목 잘린 불상과 삭아 없어진 바위 선의 흔적들이 정작 우리를 먹이고 재우고 입혀온 천 년의 박동이란 사실을 음미했으면 좋겠다는 것이다. 그렇게 해서 오늘도 무심히 남산을 오르는 우리의 행위는 조금 더 깊어지고, 조금 더 넓어지면 좋겠다고 생각한다. 경주 남산에는 자신의 꿈과 욕망을 탐험했던 수많은 인간들의 체취가 짙게 배어 있다. 당신이 경주에 매력을 느끼는 단독 여행자라면, 나는 주저하지 않고 남산 산행을 권하겠다.

06.
천년 야사 <삼국유사>

필독의 교양서

한국인의 교양 고전 제1번으로 첫손에 꼽히는 책이 <삼국유사(三國遺事)>다. 서양 고전 필독서 목록에 언제나 신구약 성서 혹은 호메로스의 <일리아드(Iliad)>와 <오디세이(Odyssey)>가 첫머리에 올라있는 것과 다르지 않다. 물론 이렇게 이구동성 고전으로 칭송하는 책이라도 즐겨 읽힌다고 볼 수는 없다. 갖고는 있지만 읽지는 않거나, 읽어야 한다는 강박은 느끼지만 읽고 싶다는 동기부여가 되지 않거나, 혹은 읽었거도 이게 대체 무슨 말인지 이해하지 못하는 경우도 있다. 이 내용이 지금 나에게 무슨 유익이 있고 소용이 되는지 도통 알 수 없는… 그런 장애물들을 돌파하지 못하는 고전들이 얼마나 많은가?

나는 몇 년 전 경주로 귀향했을 때 포항 바닷가의 고모집에 가서 며칠이고 하릴없이 누워있던 적이 있다. 삶이 곤고했던 그 때는, 밥 먹을 때 일어나고, 아무 생각 없이 바닷가를 걷는 것 외에는 앞으로 눕거나 뒤로 눕는 것 말고는 아무것도 하지 못하고 있었다. 침대에서 뒤척거리기를 며칠을 하다가 어느 날 발치에 있던 책장이 눈에 들어왔다. 거기에는 몇몇 작가들의 화집이며, 한자로 제목이 쓰여진 옛날 책들이 약간 꽂혀 있었다. 돌아가신 고모부의 유품들이다. 한약방을 하셨던 그 분은 맥킨토시 앰프에 탄노이 스피커를 물려 해리 벨라폰테의 노래를 듣던 멋쟁이기도 하셨고, 한학을 하셔서 한문책을 모아 놓고 읽기도 하셨다. 거기에 있던 책들 중에 내 눈에 들어온 것이 <삼국유사>였다. 눈에 익은 한자로 제목이 쓰여진 덕분이었다. 꺼내서 펼쳐보니 본문은 한문이고, 아래에 한글 풀이가 붙어 있는 형식이었다. 중고등학교에서 배운 한자 실력으로는 아는 글자를 찾아서 의미를 대략 때려 맞추는 정도밖에 안되어서 재미도 있었지만, 아쉬움이 컸다. 언젠가 한문을 제대로 배워서 이런 고전을 쭉쭉 읽어내려 갈 수 있었으면 좋겠다는 생각이 들었다.

경주집으로 복귀해서 책을 정리하다 보니 내게는 이미 을유문화사 판 <삼국유사>(2003)와 까치출판사에서 낸 <삼국유사>(1999)가 있었다. 역시 갖고는 있었지만 까맣게 잊어버리고 있었던 것이다. 까치 판은 북한의 사회과학원 민족고전연구소 리상호 선생의 1960년 번역본을 채택하고 있어서 남북한간 번역을 대조해서 보기 좋았고, 강운구 작가가 경주의 관련된 유적 사진을 찍어서 넣어두어서 현재와 비교하는데 특히 도움이 많이 되었다. 그렇게 삼국유사에 대한 관심이 조금씩 늘어가던 차에 어느 날 삼국유사 전문가 고운기 교수의 연작 프로젝트를 접하면서 관심은 급상승하게 되었다. 그는 <도쿠가와가 사랑한 책>(2009)을 시작으로 <삼국유사 글쓰기 감각>(2010) 등으로 이어지는 총5권의 흥미로운 삼국유사 저술 연작을 내고 있었다.

일본에서 나온 삼국유사

<삼국유사>가 국내에서 읽힌 지는 얼마나 되었을까? 이 책은 언제부터 고전으로 대접을 받았을까? 놀랍게도, 지금 300종이 넘는다는 <삼국유사> 관련 저술의 드높은 관심사와는 달리 이 책이 현재와 같은 위치로 인정을 받기 시작한 계기는 1904년에 도쿄제국대학의 역사 총서 중 한 권으로 일본에서 출간되면서 시작되었다고 한다. 당시 일본에 유학을 갔던 육당 최남선이 이 책을 접했고, 귀국 후 그가 펴내던 <계몽>이란 잡지 한 호를 통째로 <삼국유사> 번역으로 출간한 것(1927)이 직접적 시초다.

일연이 13세기말에 저술한 원본은 현재 전하지 않지만, 그 책의 내용은 조선 초기 <세종실록>의 지리지나 <동국여지

승람>을 비롯 당대의 여러 문헌에서 적지 않게 인용되고 있어서 학자들 사이에서는 조선 초기부터 꽤 읽혔음을 알 수 있다. 그러나, <삼국유사>는 주로 지리적 사실 확인의 근거 정도로 인용되는 수준이었고, 이 책에 담긴 여러 설화들은 유학자들의 관점에서는 거슬리는 내용이었기에 주로 '허황되다'는 비판을 많이 받았다. 조선 후기의 실학자들은 더욱 비판적이어서 '황탄하다'는 평까지 나왔다.

전체 내용이 다 수록된 <삼국유사>가 다시 발간된 것은 1512년 임신년 때의 일이다. 이때 경주에 부윤으로 부임한 이계복은 경주 관아 창고에서 <삼국유사> 원판을 발견하는데, 문서를 간행하는 일에 매우 관심이 많았던 이 인물이 경주에서 인쇄한 판본이 <삼국유사> 전체 내용을 다 담고 있는 중요한 자료이다. 1592년 임진왜란 때 선봉장 역할을 했던 장수 중 하나인 가토 기요마사(加藤淸正)는 경주 관아에서 <삼국유사> 임신년본을 약탈해서 일본의 권력자 도쿠가와 이에야스에게 바쳤다. <삼국유사>는 나중에 '도쿠가와 장서'로 알려진 가문의 서책 목록에 등재된다. <삼국유사>는 이후 도쿠가와 장서 중에서 '천황에게 보내졌던 희귀도서 32종' 목록에도 포함되면서 일본에서는 그 위상을 높이 평가받았다.

20세기 초엽 도쿄제국대학이 발간한 역사 총서에 <삼국유사>가 포함되면서 일본과 한국에서 이 책에 대한 관심이 급속도로 일어났다. 근대 한국의 사회제도와 문화가 일본을 통해 도입된 경우가 많기도 하고, 지금도 역사나 문학 분야는 일본에 소장되어 있는 한국 관련 자료에 얼마나 잘 접근할 수 있는지 여부가 연구 성과에 큰 차이를 만든다고 말한다. <삼국유사>도 일본에서 먼저 대대적으로 평가받지 못했다면 잊힌 과거의 고서 중 하나로 둔했을지도 모른다. 이런 문제는 한일간의 해묵은 여러 논쟁을 촉발하는 사안이기에 함부로 휘저을 일은 아니다. 정밀한 학술적 논의는 일단 학자들의 몫으로 넘기고, 한 사람의 순진한 독자로 이 책을 읽어가노라면 매우 흥미진진한 옛날 이야기를 읽는 느낌을 받는다. <아라비안 나이트>가 그러하듯, 고대의 세계는 연대기적 역사보다 정사인지 야사인지 모를 이야기의 끝없는 연속으로 전달될 때 가장 흥미롭게 다가온다. 그런 면에서 <삼국유사>는 잘 연구되어야 할 책이기도 하지만, 무엇보다 재미있게 읽히고 들려져야 할 이야기 책이다.

기이한 이야기

<삼국유사>는 흥미의 차원에서는 국내의 여러 고전들보다 단연 선두에 꼽힌다. 책의 후반부는 포교적 차원의 교훈적 이야기가 많지만, 책의 앞부분에 나오는 '기이(紀異)' 편은 일반 역사 속의 놀랍고 흥미로운 이야기로 가득하다. 특히 이 책의 저자가 당대의 고승인 일연(一然, 1206-1289)이었기에 이런 내용은 더욱 흥미로운 사실로 다가온다. <중편조동오의(中編曹洞五位)>를 비롯한 중요한 불교관련 저술

을 많이 남겼고, 고려의 국사(國師) 역할까지 감당한 그가 이런 적나라한 세속 잡사까지 공들여 수집해서 책으로 남겼다는 것은 생각해보면 놀라운 일이다. 그의 작업을 통해 삼국시대의 온갖 저잣거리 이야기들이 살아남아 전해졌고, 불교 사찰과 탑, 여러 고승들의 일대기와 에피소드가 이어지게 되었다.

<삼국유사>는 삼국의 이야기를 다 담고 있지만, 신라에 관련된 내용이 압도적으로 많다. 그가 그려낸 신라는 경주의 유적을 통해 유추하는 것보다 훨씬 크고, 화려하고, 세련된 모습이었으며, 매우 다국적이고 다문화적 사회였다. 기록에 따르면, 신라는 전성기에 178,936호 규모였고(지금 경주시 전체 인구가 25만명쯤에 불과하다는 사실을 감안하면 신라시대 서라벌은 훨씬 큰 도시였다.), 금입택(金入宅)이라고 불리던 금빛 나는 대저택들이 35채나 되었고, 제49대 헌강왕 시절에는 '성 안에 초가집이 한 채도 없었고, 집의 처마와 담이 서로 닿아 있었고, 노랫소리가 길에 가득해서 밤낮으로 끊이지 않았다'고 전한다. 저런 내용이 단지 글로만 전해진다면 우리는 그 진위를 판단할 길이 없겠지만, 경주 천마총의 화려한 금관과 장식품이며, 여러 고분에서 출토된 부장품의 화려함이 이런 기록과 앞서거니 뒤서거니 하면서 이 고대 세계가 상상 이상의 부와 권력을 향유하던 사회였음을 인정하지 않을 수 없게 한다.

<삼국유사>가 보여주는 신라는 지금 기준에서도 매우 글

로벌한 나라였다. 작은 씨족국가 시절이라지만 3대 탈해왕은 용성국(일본의 작은 왕국)에서 건너온 이주자로 그려지고 있고, 연오랑과 세오녀 설화에는 신라 바닷가에 살던 부부가 일본으로 건너가 왕이 된다는 내용이 등장한다. 신라는 인근 국가들과 계속 전쟁이나 약탈 등의 갈등 상황을 겪고 있지만, 그런 와중에도 사람들은 버젓이 신라로 건너와서 정착하거나, 교류하는 모습이 지속적으로 등장한다. 황룡사 9층 목탑은 당시 신라와 전쟁 중이던 백제에서 건축의 장인 아비지를 어렵게 모셔와서 제작했고, '석가탑'이라 불리는 불국사 삼층석탑도 백제인 아사달의 작품이다. 신라의 스님들은 일찍부터 중국으로 유학을 많이 나갔다. 원광, 의상, 자장 등은 중국에서 크게 이름을 떨친 스님들이고, 이들 외에도 많은 수의 스님들이 중국의 고승들에게 배우고 돌아왔다. 걸리 천축국(오늘의 인도)까지 구도의 길을 갔던 중국 고승 56명 중에 9명이 신라인이었다는 기록도 있다. 원효는 중국에 가지 않았지만 중국에서 유학하던 의상과 교류하면서 당대 불교사상의 가장 첨예한 논쟁에 적극 가입하여 독창적 해석으로 동아시아 전역에 그의 존재감을 드러냈다. 1,500년 전의 세상에서 이렇게 전후좌우 종횡무진 국제적 소통이 이루어지는 모습을 볼 줄 과연 누가 상상이나 했겠는가?

<삼국유사>에 신라의 여성들이 능동적이고 주체적으로 묘사되어 있는 것도 흥미롭다. 성골 출신 왕이 끝나가던 막

바지에 왕위에 오른 선덕여왕은 리더십에 대한 안팎의 도전을 신묘한 지혜를 발휘하여 위기를 돌파하는 존재로 그려져 있다. '수로부인' 이야기에서는 자신의 미모와 매력을 거리낌 없이 부각시키는 여성상을 볼 수 있고, 김유신의 여동생 문희가 언니 보희에게 꿈을 사서 김춘추에게 접근하는 내용도 매우 능동적인 여인상을 보여준다. 이 고대의 책은 성적인 내용을 기록하는 데에도 거침이 없다. 책에는 왕의 성생활이 원활하지 않았다는 내용을 버젓이 기록하는가 하면, 어떤 왕은 단 몇 줄로 그의 성생활을 요약하고선 이것으로 그의 치세 전부를 대신하기도 한다. '달밤에 밤새 놀다 들어와 보니, 다리가 넷이구나, 둘은 내 것이지만, 나머지 둘은 누구 것인가?'란 노래로 유명한 처용의 설화는 또 어떠한가? 이런 이야기에 등장하는 인물들은 남성이든 여성이든 자신의 욕망을 적극적으로 표현하고, 이를 추구하는 것에 주저함이 없다. 이 책은 단호히 지조를 지키는 인물도 기리고, 새로운 인연을 찾아가는 모습도 당당하게 기록한다. 우리는 이런 모습을 흔히 '현대적' 인간형이라고 불러왔지만, 지금 우리가 읽고 있는 것은 너무도 오래된 고대의 문헌이다. 차라리 시공을 초월하는 개성 넘치는 인간형을 만난다고 말하는 것이 더 적절할 것이다. 고대에 비해 현대를 여러모로 우위에 놓는 사고방식은 <삼국유사>를 읽다 보면 종종 난관에 부딪힌다. 신라인들이 훨씬 자유분방한 개인으로 살았음을 부정할 수 없다.

거울 혹은 창문

　<삼국유사>에는 불교의 전래 과정을 흥미로운 에피소드를 통해 전달하려는 일연의 의도가 충분히 배어 있다. 그러나 그런 종교적 내용과 의도를 액면 그대로 받아들여 감동받을 생각이 없더라도 <삼국유사>는 경주 여행자에게 충분히 도움이 된다. 나는 두 가지 방식으로 읽어 보았는데, 도움이 되었다. 하나는 '거울로 읽는 방법'이다. 이것은 내가 관심 있는 질문을 던지면서 이 책에서 무어라 말하는가 들어보는 것이다. 앞서 신라가 얼마나 글로벌한 다문화 사회였는가를 눈여겨 본 것은 내가 그런 주제에 관심이 있었기 때문이다. 나는 그런 신라가 부럽기까지 했고, 지금이 오히려 그때보다 퇴행적이 아닌가 느낄 정도였다. 이 책에 등장하는 여성들의 면모를 보면 여성의 위상이 고대 사회에서 오히려 더 높았다는 것을 보게 된다. 윤리와 관능의 차원도 그런 질문의 대상이 된다. 고대사회는 현대 사회보다 더 보수적일 것이다, 혹은 기준이 엄격하지 않아서 취약할 것이다 등의 단순하고, 짧은 선입견을 타격하는 반례들이 많다. 우리는 <삼국유사>를 우리의 관심사를 비추어 보는 하나의 거울처럼 여기며 읽어가 볼 수 있다. 어떤 통찰은 이런 독서를 통해 재확인될 것이고, 어떤 사안은 자신의 기존 이해가 반증되고 해체되어서 새로운 차원으로 이행하는 특별한 경험을 할 수도 있다.

　또 다른 방법은 '창문으로 읽는 것'이다. 나의 세계와 질문

에 대한 반영이 아니라, 내가 상상하지도 못했던 전혀 다른 세계를 들여다보는 창문으로 그 이야기를 만나는 것이다. 그 세계는 다르기 때문에 매력적이다. 미지의 것, 무지의 대상을 만나 두려워하지 않고 탐험해 들어가는 독서다. 아, 이런 방식으로 작동하는 세계가 있구나. 저들은 갈등을 이렇게 풀었구나. 남녀 관계는 이렇게 맺었고, 국가 간의 갈등은 저렇게 조정했고, 이런 사람과 저런 사람이 이렇게 살다가 갔구나를 보는 것이다. 독서의 일차적 유익이 간접경험의 폭과 깊이를 넓혀가는 것이므로, <삼국유사>를 이렇게 읽어가는 것은 그 자체로 전혀 이상한 일이 아니다. 오히려 독서의 본령에 속하는 독법일 것이다.

  나는 이 책을 통해 꽤 자유로움을 느꼈다. 책의 저자는 불교 고승이지만, 그는 점잔 빼지 않고 세속에 대한 충실한 관찰자이자 기록자 역할을 자처했다. 위에서 아래를 향해 가르치려는 자세가 아니라, 같이 낄낄 웃고, 농담을 던지고, 짐짓 눙치면서 낯선 한 세계를 보여 주었다. 내가 살고 있는 이 땅에서 시간대만 천 년을 거슬러 올라가 그 시대의 인간사를 살펴보니, 그 세계는 어쩐지 완전히 낯설지도, 그렇다고 만만하게 파악되는 것도 아닌 묘한 느낌으로 다가왔다. <삼국유사>의 이야기들은 낯설지만 친숙한 세계로 우리를 이끈다. 그것이 우리가 공유하는 민족적 원형이나 상징적 코드들이라서 그럴 지도 모른다. 서양의 여러 판타지 연대기들의 시공간에 비해 결코 왜소하지도 않다. 실제 역사 천 년

이 응측되어 있는 것이니 이 밀도와 심도를 결코 과소평가해서는 안된다. 이왕 경주여행을 한번 제대로 떠나보려면 무엇보다 먼저 <삼국유사>가 열어준 기이한 세계에 한 발을 들여놓아 보는 것이 어떨까? 똑같이 경주를 걸어 다니고, 같은 장소를 방문하더라도, 천년의 연대기를 상상의 공간 속에 띄워 놓고 만나는 경주와 맨눈으로만 보는 경주가 같을 수는 없는 일이니 말이다.

07.
인물탐구(1) 조선의 메시아

수운(水雲) 최제우

동학의 발상지 경주

여행을 다니다 보면 각 지역이 내세우는 대표적 인물들에 관심이 간다. 안동이면 퇴계 이황과 그의 도산서원을 필두로 놓고, 그 전후좌우로 포진된 학자와 선비를 하나씩 새겨볼 것이다. 강진과 해남으로 가면 다산 정약용과 고산 윤선도의 흔적을 찾아보지 않을 수 없다. 어떤 지역이 누구로 대표되는가를 가만히 새겨보면 그것이 단순히 그 지역의 유명인사가 누구인지를 말하는 것 이상의 고려가 있다는 것을 알 수 있다. 이 질문은 양면성이 있다. 누구를 부각시킨다는 것은 누군가를 억누르는 일이기도 하다. 전자가 명예와 이

익을 확보해준다면, 후자는 수치와 피해를 입힐 수도 있기에 회피되는 것이다. 그 선택의 메커니즘을 잘 살피면 그 지역의 과거 뿐 아니라 현재가 어떠한 지에 대한 시사점도 꽤 많이 얻을 수 있다. 이런 맥락에서 경주는 어떤 인물로 대표될 수 있을까? 누구를 내세우고, 누구를 감출까?

내 고향집은 성건동 주택가에 있다. 북천과 서천이 합류하는 지점에 제방을 쌓고 70년대에 국민주택지로 개발한 동네인데, 경주여고가 그때부터 있었고, 서천(형산강) 건너편에는 동국대 경주분교가 1978년부터 자리잡고 있다. 북천 개울을 건너면 황성공원이 나온다. 공설운동장이 있고 소나무 숲이 좋아서 경주시민들이 운동이나 산책하러 밤낮으로 많이 찾는 곳이다. 그 황성공원 초입에 낯선 동상이 하나 서 있다. 오다가다 무심히 지나치던 그 동상의 정체가 궁금해서 어느 날 동상의 전후면에 새겨진 내용을 읽어보았다. 동상의 주인공은 해월(海月) 최시형으로, 동학 2대 교주로 알려진 이였다. 그가 경주 황오동에서 태어난 연고가 있는데다, 인근 현곡면의 용담정이 동학이 태동한 곳이기에 거기에 동상을 세웠다는 것이다. 동상에는 해월의 놀라운 헌신이 동학이 19세기 조선땅에 국가체제와 겨루어 이길만큼 강력한 종교운동이 될 수 있도록 한 원동력이며, 그 영향력은 결국 갑오농민전쟁으로 한국의 근대역사에 큰 족적을 남길 정도에 이른다는 내용이었다.

내가 동학과 그 지도자에 난데없는 관심을 갖게 된 첫번째 이유는 경주가 동학과 같은 체제 비판적인, 아니 체제 전복적인 사상의 발원지였다는 사실에서 받은 신선한 충격 때문이었다. 경상도 지역에 사는 사람들은 이 지역의 정치사회적 보수성이 어디서 기원하는지에 대한 물음을 종종 스스로에게 던지게 된다. 그 물음은 당연히 현재의 보수적 지형과 문화에서 말미암는 것이다. 가끔 이 지역에서 그런 선입견을 거스르는 사례들을 발견하면 신기하게 느끼기까지 한다. 그런데, 동학이 여기서 발원했다니! 아무리 역사를 잘 모르는 이도 19세기 조선은 반복적인 민란과 서학에 위협을 느끼면서도, 부정부패로 국가체제가 정상 작동하지 않은 상태였다는 사실은 안다. 그리고 그런 상황에서 이를 신랄하게 비판하며 극복하려는 사회정치적 대안세력 중 가장 강력하였고, 실제로 정규군과 전투해서 승리할 정도의 군사력까지 갖추었던 운동이 동학이었다는 사실은 알 것이다. 이들이 정치적으로는 왕조체제 너머를 상상하지 못했고, 갑오년의 봉기에서 패배하였기 때문에 결과적으로 근대사회까지 열어젖히지 못했지만, 그들이 내건 구호와 실천 사례들은 자치 자율의 근대 민주사회를 선점하고 있는 듯한 느낌을 준다. 그런 운동이 경주에서 시작되었다? 그것이 어떻게 가능했는지 궁금하지 않을 수 없다.

두번째 이유는 개인적 관심이지만, 동학의 종교성이 대체 어떤 것이었는지에 대한 궁금증이었다. 애초에 나는 동학이 종교의 외피를 쓴 사회운동이 아닌가 했고, 아니면 여러 종교에서 임의로 가르침을 가져와 재배열한 신흥종교의 하나가 아닐까 생각했다. 그러나 몇몇 자료를 들여다보니 동학운동의 대중적 파급력은 상상을 넘을 정도로 강력했다. 포교 몇 달만에 경주 일대에 제자가 천여 명이 넘는 규모였다는 보고가 나와서 관을 바짝 긴장시킬 정도였다.

도대체 어떻게 경상도 경주 땅에서 유교도, 불교도, 서학도 비판하는 대안 종교가 등장할 수 있었으며, 그 종교는 어떻게 단기간에 이토록 큰 규모로 성장할 수 있었을까 궁금했다. 동학운동은 확실히 다른 민란들처럼 학정에 시달리다 그에 반발해서 갑자기 봉기한 경우가 아니라, 하나의 종교운동으로 시작되어서 사회운동으로 뻗어 나가는 경로를 꽤 긴 시간 동안 밟았다. 종교가 사회에 무엇을 제공할 수 있으며, 제공해야 하는가를 고민하는데 있어 동학은 깊이 연구해 볼 사례를 남긴다. 동학운동을 이어받은 천도교는 삼일만세운동 때 사실상 저항 운동의 구심점 역할을 했다. 개신교보다 교세 면에서나 지도력 면에서 훨씬 우월했으나, 33인 중 절반을 개신교권에 할애할 만큼 대범하기도 했다. 동학을 들여다보면 천덕꾸러기가 된 오늘날 종교의 자리를 성찰해 볼 중요한 계기를 제공한다.

수운과 해월의 연대기

동학의 교주인 최제우에서부터 살펴봐야 했다. 기록으로 남아 있는 그의 구도와 종교체험이 매우 인상적이었다. 주저할 일이 아니었으므로 나는 어느 오후에 스쿠터를 빌려 타고 현곡면 구미산 아래 용담정을 다녀왔다. 천도교가 이 일대에 성역화 사업을 벌여 놓아서 몇 년이 지나면 이 일대가 종교성지가 될 지도 모르겠는데, 그 전에 날 것 형태의 용담계곡을 잘 보고 와야겠다는 마음이 들었다.

수운(水雲) 최제우(1824-1864)는 지역 내 명망가인 한학자 최옥의 아들로 태어나 어릴 때부터 한학을 공부했으나, 가세가 기울어 몰락한 양반으로 가난한 성장기를 거친다. 10세에 어머니를, 17세에 아버지를 여의고, 울산 출신 박씨와 혼인하였다. 그러나, 20대부터 31세까지 10년간 전국을 유랑하며 유불선 사상을 비롯하여 다양한 종교사회적 체험과 당시 민중들의 처참한 삶을 경험한다.

32세 되던 해(1855)에 울산 처가에 와 있을 때, '을묘천서(乙卯天書)'라 알려진 사건을 겪는데 이것이 어떤 비서(秘書)를 얻은 것인지 신비체험을 한 것인지는 명확치 않다. 가난으로 고통받던 그는 가족을 데리고 경주 고향의 용담계곡으로 돌아와 계속 수련을 하다가 37세이던 1860년 음력 4월 5일 '상제'가 자신을 불러 세상에 가르칠 주문과 병 고치는 부적을 내려주는 결정적 종교체험을 한다. 그 이후로도 일년간 홀로 수련을 한 후에 1861년 6월에 비로소 공개적으로 포교활동을 시작한다. 기록에 의하면 용담계곡으로 수많은 선비들과 병자들이 몰려들어 문전성시를 이루었다고 한다. 경주 인근에만 천 명이 넘는 규모의 제자들이 있었다고 하고, 2년도 되지 않아 '접'이라 조직체계를 갖추는데 그 범위가 경상도 전역과 충청도, 경기도에 이르고, 3,000여명 규모의 제자들을 두었다. 그의 이런 활동은 곧 관의 주목을 받았고, 동학세력이 커지자 영남의 유림들은 이를 '세상을 현혹시키는 사술(邪術)'로 간주하여 인근 서원들 간에 통문을 돌려 경계하기 시작했다. 결국 이로 인해 동학은 '시천주(侍天主)' 주문을 외우는 서학의 무리라고 고발되어 탄압이 시작되고, 최제우는 체포되어 압송된 후 1864년 3월 10일 대구감영에서 사도난정(邪道亂正)의 명분으로 처형된다. 그의 나이 41세였다.

공적 포교를 시작한지 채 3년이 되지 않아 그 지도자를 잃어버린 동학운동은 여러 면에서 궤멸적 위기를 겪게 되는데, 관과 유림의 탄압을 피해가며 동학조직을 재건한 이가 해월(海月) 최시형(1827-1898)이다. 그는 경주 황오동에서 태어났고, 10대 초반에는 선도산 아래 서악에서 글공부를 한 적이 있지만, 부모를 여의고 포항의 흥해 지역에서 제지업도 하다가, 가세가 점점 더 기울어 33세에 화전민 마을로 들어가 밭을 일구었고, 머슴살이를 할 정도로 극빈자였다. 그는 동학 초기부터 최제우를 따르며 자기 수행을 했고, 포덕(布德)을 할 수 있다는 인정을 받았다. 1863년 그는 스승에게서 북접주(北接主)로 임명 받고, 이후 도통(道統)을 전수받아 후계자로 인정되었다.

그는 스승이 처형되면서 닥친 위기를 극복하기 위하여 경상도와 강원도의 깊은 산골에 숨어서 접 조직을 재건했다. 1871년 '이필제의 난'으로 한 번 더 동학교도들이 대거 체포되고 죽음을 당하자, 완전히 지하로 숨어들어 전국의 접을 점조직처럼 관리하고 성장시켰다. 그 결과 1890년대에 들어서면 동학은 경상, 충청, 전라, 경기, 황해를 아우르고 그 세력이 몇 십 만에 이르는 단단한 조직이 되었다. 이를 바탕으로 교조신원운동도 펼치고, 관리들의 악행을 비판하고 바로잡는 노력도 일어난다. 결국 1894년 갑오년 3월의 봉기로 동학군은 관군과 전투하며 승승장구 전주성을 비롯 전북지역까지 장악하였으나, 청나라와 일본이 개입하면서 청일전쟁이 발발하는 위태로운 상황이 전개되자 빌미를 주지 않기 위해 해산한다. 이후 역사에 알려졌듯 동학군은 10월에 다시 봉기하여 일본군과 싸웠으나 11월과 12월 전투에서 패하면서 진압된다.

최시형은 관의 추적을 몇 년간 피해왔으나 결국 1898년 4월 체포되고, 6월에 처형되었다. 72세의 나이였다. 스승 최제우의 강렬한 종교체험과 포교활동 3년만에 공권력에 의해 죽임을 당한 일이며, 제자 최시형이 스승의 죽음 후 36년간 잠행을 하며 신자들을 방문해서 가르치고, 정례적으로 제자들과 수련을 하고, 신도들에게 모금해서 <동경대전> 등을 출판하고 보급하는 활동까지 하는 모습이 기독교 역사에서 예수의 등장과 바울의 헌신으로 이어지는 박해와 성장 서사와 너무나 닮아 있어 기독교 신자의 입장에서는 강렬한 기시감이 든다.

지금 동학을 주목할 이유

동학의 여러 면모가 궁금했던 나는 도서관을 뒤져 동학의 경전인 <동경대전>을 비롯해서 몇몇 학자들의 저서도 챙겨 보았다. 그러면서 동학이란 종교운동에 큰 매력을 느꼈다. 지금의 관점에서는 어설프다고 평가할 구석이 엿보일지 모르나, 역사와 실존의 차원에서는 울림이 컸다. 19세기는 조선뿐 아니라, 동아시아 전체가 요동치던 시대였다. 압도하며 밀려드는 서양 세력은 도대체 어떤 속셈을 갖고 오는지 파악할 길이 없었고, 기존에 알던 지식은 새로운 변화를 설명하는데 전혀 기여하지 못했다. 국가는 껍데기만 남았고, 관료는 부패했고, 지식인은 오류투성이였고, 백성의 삶은 궁핍하고 비참했다. 그런 열악한 조건에서 어떻게 이런 운동이 나왔을까 싶었다.

백승종은 자신의 책 <동학에서 미래를 배운다>에서 동학의 성공을 가능하게 한 조건으로 '평민지식인'의 존재를 읽어내면서, 자주적 근대화의 극적인 사례로 동학을 꼽고 있다. 내게 익숙한 이 시기 개신교 전래 역사와 대비시켜서 읽다 보면 여러 대목이 흥미롭게 다가온다. <동경대전>에는 서학으로 알려진 천주교를 서양 외세로 비판하고 있지만, 동학의 가르침에는 기독교 친화적 내용이 많이 나온다. 자신의 신앙 체험 대상을 '천주(天主)' 혹은 '상제(上帝)'

라 일컬으며, 용어를 공유하는 듯한 부분도 그렇고, 그 신이 음성을 들려주며 소명을 부여하는 대목은 '하늘'로 대표되는 동학의 추상적 우주가 아닌 전형적인 서양 인격신의 모습이 두드러진다. 현대 신학자들 중에는 '익명의 그리스도인(anonymous Christian)'이란 개념으로 타종교권에서 기독교 진리와 신앙이 비기독교적 언어로 기술되지만 내용적으로는 기독교 신앙임을 인정하자는 제안을 하는 학자도 있다. (이 개념은 '모든 종교를 기독교적 언어체계 안으로 포섭하는 매우 정복적이고 폭력적인 시도'라는 비판을 받고 있기도 하다) 그러하기에 동학의 내용을 단순히 기독교의 부정이라고만 평가할 수는 없을 뿐더러, 여러 면에서 기독교적 가르침을 접한 흔적도 보이고, 직접적 차용이 아니더라도 최소한 자생적 각성의 차원에서는 기독교와 상통하는 부분이 적지 않다는 인상을 받는다.

그러나, 나를 매혹시킨 대목은 최제우의 종교 체험이 기독교의 그것과 유사해서 그가 혹시 '익명의 그리스도인'이 아니었을까 하는 부분이 아니다. 그것은 영원히 알 수 없는 일이기도 하고, 그런 방식으로 동학의 고유한 가치를 다른 종교에서 유래했다고 평가절하할 사안도 아니다. 내가 최제우의 삶과 죽음에서 눈을 떼지 못한 것은 그 개인이 가난과 좌절을 겪으며 살아가던 삶의 현장에서 꾸준히 자신의 주어진 조건 너머를 바라보며 수행을 게을리하지 않았다는 점과 결국 그가 깨우치고 펼친 가르침이 개인과 사회를 꿰뚫어

내는 통렬한 안목을 제공하였다는 점이다. 그것이 그토록 강렬한 것이었기에 수많은 사람들이 앞다투어 그에게 몰려와 배우기를 청하고, 그 소박한 가르침에 따라 삶을 살기로 작정하였던 것이 아닐까 생각한다. 그는 짧은 시간 활동하고 바로 죽임을 당했지만 그 가르침은 살아남아서 당시 붕괴되고 있던 조선이란 체제를 아래서부터 떠받치고 일어나 세상이 어느 방향으로 나아가야 할지를 감당할 튼튼한 그물망을 불과 한 세대만에 만들어 냈다. 그 일이 정치운동이나 사상의 형태로 등장한 것이 아니라, 종교의 형태로 나타났다는 점도 독특했다. 신흥 종교운동이 대체로 교주의 신격화로 몰려가거나, 개인들의 기복종교로 흐르기 쉬운데, 동학은 꾸준히 생활의 변화와 사회적 역할에 대한 지속적인 관심을 놓지 않은 듯하다. 동학운동은 그 최고 정점에서 자신들의 지도자들을 다 잃었다. 그들이 살아남아 운동을 이끌어주지 못했으나, 가장 빛나는 정점에서 그 종교, 그 가르침, 그 삶이 지향할 가치를 세상에 보여주었던 존재들을 가졌다는 것과 그 운동이 경주 땅 한 구석에서 태동했다는 사실을 알게 되었을 때 나는 많이 흥분했었다. 체제 순응적이고, 대세 추종적 경향이 팽배하다고 자주 폄하되는 곳에서 이런 불온한 사상이 버젓이 태어났다는 것이 경이로웠다.

전국의 산마다 빼어난 곳에는 어김없이 절이 있고, 골짜기마다 탁월한 곳에는 서원이 자리하고 있다. 그런 곳을 많이 찾아 다니면서 멋지다고 탄성을 많이 질렀다. 그러나 그런 곳에서는 체제를 지탱할 현상유지의 전략은 나올지 모르나, 고통받는 세상을 아래서부터 뒤집어 보는 고민은 잘 등장하지 않는다. 비현실적으로 아름다운 공간에 사는 이들은 너무 세상을 등지고 종교적 사념에 빠져있거나, 혹은 세상을 너무 쉽게 보고 자기들끼리 똘똘 뭉쳐 진영을 이루고 이념을 창출하고 이를 교조화 하곤 했다.

천 년간 수도였다가 천 년간 변방이었던 경주의 지리역사적 조건이 파격적인 운동이 나오도록 촉발한 것일까? 경주에 와서 무엇을 볼 것인가, 구엇을 볼 수 있는가에서 기대치를 완전히 뒤바꾸어 놓는 인물로 나는 최제우를 꼽고 싶다. 쿠바의 체 게바라가 혁명과 저항의 아이콘으로 기억되는 시대이지만, 나는 경주에도 그 이상으로 불온한 인물이 있었음을 기억하고 싶다. 이 불온한 인물을 만나고, 불온한 공기를 마시고, 불온한 상상에 고취되는 경주 여행을 시도해 보는 이들이 많이 나타나면 좋겠다.

08.
인물탐구(2) 미친 존재감의 여행자
매월당(梅月堂) 김시습

매월당, 경주에 오다

중고등학교 시절에 배웠었다. <금오신화>가 우리나라 최초의 소설이라고. 그때 선생님이 말씀하셨다. "금오신화는 김시습이 금오산에서 쓴 건데, 그 금오산이 여기 경주 남산이다" 흘려듣긴 했으나 기억에는 남았다. 김시습 금오신화, 금오신화 김시습, 금오산은 경주 남산. 실제로 경주 남산에서 가장 높은 봉우리가 금오봉과 고위봉이다.

경주어 와서 남산을 여러 번 등산 다녔다. 경주 남산은 가장 높은 봉이 500m가 되지 않기 대문에 겁먹을 수준의 흔한 산은 아니다. 그러나, 완만하지만 산세가 상당히 넓게 펼쳐져 있고, 오르는 코스가 다양해서 어느 루트를 선택하느

나에 따라 풍광이 크게 달라진다. 그간 남산을 오르며 각 경로마다 다른 경치를 즐기는 산행을 하다가 나중에 가장 즐기게 된 코스는 '용장골 주차장'에서 출발하는 경로다. 그 주차장에 김시습의 금오신화와 관련된 옥외 전시공간이 자그맣게 마련되어 있다. 용장골의 용장사가 김시습이 경주에 와서 8년간 지냈던 사실이며, 여기서 금오신화를 쓰고, 또 수백 편의 시를 남겼다는 내용이 나와있다.

여기서 당연히 떠오르는 물음 하나. 김시습은 경주 사람도 아닌데, 왜 굳이 여기까지 왔으며, 경주에 와서도 왜 남산 골짜기에 살았는가. 아마도 그 물음은 어렴풋이 나를 향한 것이기도 했을 것이다. (고향이라고는 하지만) 왜 경주로 와서, 남산 골짜기를 기웃거리며, 땀 흘리며 봉우리를 오르고 있는 걸까. 500년전의 그 누군가가 전국을 떠돌다 굳이 경주를 찾아왔고, 여기서 적지 않은 기간을 머문 이유를 찾아가다 보면 내게도 자문자답할 이야기 거리가 몇 개는 남지 않을까 싶었다. 매월당 김시습에 대한 나의 독서는 그렇게 시작되었다.

오 세 신동에서 방랑자로

김시습(金時習, 1435-1493)은 1435년 세종 17년에 서울 성균관 인근에서 태어났다. 그의 탄생과 관련해서는 전설 같은 이야기들이 많은데, 공자가 태어나는 꿈을 꾸고 나왔다거나, 천재적 자질을 보여 그를 '날 때부터 아는'(生而知之)

공자의 현신이란 과한 찬사를 들어왔다. 여덟 달만에 글을 알았다고 해서 그는 말을 배우기 전어 천자문부터 먼저 배웠다고 한다. 세 살 무렵 말을 트면서는 시를 짓는 법을 배웠다고 하고, 글 읽는 것을 배우자 말은 더듬었지만 글로는 생각을 다 써냈다고 한다. 이름을 <논어> 처음에 나오는 '학이시습지(學而時習之)'에서 따왔으니 더 덧붙일 말이 없다. 이 신기한 신동의 이야기가 도성에 널리 퍼지면서 세종의 호기심을 자극했고, 그는 승정원을 통해 김시습을 시험해보기도 했다. 김시습은 여기서 멋진 시를 지어 보임으로써 '오세(五歲) 신동'이란 전설적 명성을 굳히게 된다.

성균관에 들어가 고전을 배우고 학문에 힘쓰던 그는 열다섯에 어머니를 여의고 심적 고통을 겪는다. 1452년 모친상을 마칠 때까지 그는 불교 고승에게 가르침을 받으며 자신의 불교 이해를 깊게 했다. 이 때가 문종이 죽고, 단종이 즉위하던 시기인데, 그는 이 다음해 열린 과거에 낙방하고 이후로 관직이 나갈 기회를 얻지 못한다. 그 해 10월 10일에 '계유정난(癸酉靖難)'이라 불리는 사건이 벌어진다. 수양대군이 좌의정 김종서를 비롯한 영의정, 이조판서, 병조판서 등 주요 대신들을 몰살시키며 권력을 잡은 것이다. 그의 폭압통치는 1456년 6월 성삼문, 박팽년, 이개, 하위지, 유성원, 유응부 등 6등을 단종 복위를 꿈꾸었다는 명목으로 처형하는 데에까지 이른다. 이들의 시신은 저잣거리에 방치되었고, 누구도 이를 수습할 엄두를 내지 못하던 때에 나선 이가 김시습이었다. 그의 나이 22세였다. 그들을 노량진 인근에 모셔서 후대가 '사육신(死六臣)'으로 기억하도록 한 공이 크다. 그는 이 혼란한 시기에 6명이 내보인 결기와 초연함에 크게 인상을 받았고, 부당한 권력쟁탈에 부역한 선비들의 이중적 행태에 깊은 염증을 느꼈다. 유교의 가르침을 거스르는 행위에 말 한마디 하지 못하던 유학자들의 무기력에 대한 반발심도 한 몫 했을 것이다.

세조에게 권력을 이양하고 곧 폐위된 단종은 영월로 유배되었고, 1457년 10월 거기서 사약을 받고 죽임을 당한다. 이듬해 뜻있는 이들을 모아 단종의 제사를 지낸 김시습은 승려의 차림으로 향후 긴 세월이 될 방랑에 나선다. '호탕한 유람'이란 뜻에서 '탕유(宕遊)'라고 부른 그의 여행길은 4년여에 걸쳐 관서지방, 관동지방, 호남지방으로 이어진다. 그는 가는 곳마다 시를 쓰고, 소상한 여행기를 남겼다. 그의 평생은 길 위에서 남긴 기록이다. 그는 이 땅 역사에 드문 전업 여행자였다. 그는 행색은 스님의 모양을 하고, '호탕한 유람'이라 이름 지었지만, 마치 괴로운 세상사를 떨쳐버릴 기세로 미친듯이 쏘다녔다. 그런 그가 경상도 경주로 들어온 것이 1462년 가을이었다. 28세이던 해였다.

조선은 유교의 국가였다. 왕가나 양반가에서 불교를 선양하는 경우가 종종 있었지만, 그것은 묵인하는 차원이었지 유학을 공부한 선비가 불교에 귀의한다는 것은 있을 수 없는 일이었다. 이는 마치 지식인이 사이비 종교나 미신을 기웃거리는 경우와 다름없는 일이었다. 비슷한 사례가 율곡 이이에게도 있었는데, 그도 어머니 신사임당을 여의고 잠시 1-2년간 불교에 귀의한 적이 있었다. 그 이력은 그를 두고 두고 괴롭혔다. 정적들은 그가 성현의 가르침을 충실히 따르지 않고 사특한 사상에 쉽게 물드는 부류라고 추궁하고 비방했었다. 일부 선비들 중 불교를 사상적으로 중요하게 평가한 경우가 있으나 매우 소수에 불과했고, 불교는 유학의 가르침을 따르는 선비에게는 선택지 바깥에 있는 것이었다. 허나 김시습은 원칙도 기개도 없는 선비들을 혐오했고, 현실과 유리된 유교의 가르침에도 비판적이었다. 그렇다고 그가 당시의 불교에 전적으로 속한 것도 아니었다. 불교의 기복적 행태나 잘못된 가르침 역시 그의 따끔한 비판을 피해가지 못했다. 학자들은 그가 '사실은 유교의 도를 실천하면서 겉으로만 불교도인 것처럼 행동한다'고 평가하기도 하고, 반대로 그를 일연에서부터 내려와 근대의 만해로 이어지는 불교전통에 깊이 자리하고 있는 인물이란 평가도 내어놓고 있다.

그는 당대보다 후대에 충절로 높이 인정받았다. 선조는 <매월당집>을 간행하도록 해서 그의 시 2,200여수를 싣도록 했고, <속동문선>에도 그의 시가 68수 실려 있을 정도다. 정조는 그를 이조판서로 봉하고, 시호도 내렸다. 그는 온갖 기행과 광기로 유명했지만, 어릴 적부터 천재소리를 듣던 인물인지라 - 그와 만나 대화를 나누거나 글을 받고자 했던 이들이 가는 곳마다 넘쳐났다. 조선 지식사회의 아이돌이자 셀럽이었던 셈이다. 경주를 다녀간 유명인들이 남긴 시에도 관행적으로 '매월당의 흔적은 간데없고' 따위의 구절들이 들어가 있다.

금오신화

그는 1462년 경주에 들어와 은둔생활을 하다가 세조가 세상을 뜨고 성종이 즉위한 이후 성종 2년 1471년 일말의 가능성을 품고 서울로 올라간다. 간간이 여행도 다니고 외출도 했지만 약 8년여를 경주에서 지낸 것이다. 그가 이 시기 경주에서 무엇을 보고 들었고, 무엇을 남겼는가는 흥미로운 주제다. <김시습 평전>에서 심경호는 그가 경주 남산 용장사에 머물면서, 그간 썼던 글들을 모아서 엮어 내기도 했고, 오래된 경주의 불교 유적들을 많이 돌아다녔다고 했다. 고대의 흥망성쇠를 거기서 실감하기도 하고, 쇠락한 모습에서 뜻 모를 위로를 얻기도 했을 것이다. 안압지 인근을 다니며 보리가 파랗게 자란 것을 보기도 하고, 연못을 흥미롭게 구경하기도 했다. 경주 안팎으로 널려 있는 수많은 왕릉을 찾아다니며 감상을 남기기도 했다.

그는 특별히 분황사의 화쟁대사 원효의 비석을 찾아보고 이에 대한 감상을 시로 남기기도 했는데, 여러 글에서 원효에 대한 각별한 관심을 표했다. 나는 그가 결국 경주에서 원효를 만나는 경험을 했으리라 생각한다. 그리고 일연의 저술들, <삼국유사>뿐 아니라 <중편조동오위> 등을 통한 불교 이해의 심화를 이루었으리라 짐작한다. 그가 경주 남산에 머문 것은 거기가 공간적으로 편안한 곳이어서라기 보다, 그 산 전체가 불교의 이상향에 해당하는 상징공간으로 기능한 때문이라 생각한다. 전국 방방곡곡을 이미 진탕 유람하며 돌아본 김시습에게 경주 남산이 산세의 수려함이나 기후의 알온함 등에서 우선 순위였을 리는 없다. 불교적 상상세계를 고스란히 구현하고 있는 신령스러운 공간으로 다가갔을 가능성이 훨씬 크다. 지금도 용장사터에는 바위 위에 단단히 자리잡은 3층 석탑이며, 높은 대좌 위에 올려진 부처상이며, 바위에 부조로 새겨진 마애석불이 대단한 볼거리이다. 인근의 봉우리와 계곡과 바위에는 각양 불교의 정념이 담긴 사연과 성물이 숱하게 발견된다. 스님으로 방랑하던 그에게 이보다 더 나은 공간이 어디에 있었겠는가.

그는 여기서 <금오신화(金鰲新話)>를 쓴 것으로 알려진다. 여기서 신화란 '신들의 이야기(神話)'가 아니고, '새로운 이야기(新話)'란 뜻이다. 내용을 보면 '단복사저포기', '이생규장전', '취유부벽정기', '남염부주지', '용궁부연록' 등 다섯 편이 들어 있다. 문학사적 가치를 배제하고 이야기 내용만으로 보자면 용궁에 가서 용왕을 만난다든지, 지옥으로 가서 염라대왕을 대면한다든지, 하늘로 올라가서 선녀를 만난다든지 하는 설정이 딱 민간에서 여흥삼아 흥미롭게 읽을 내용이다. 대부분의 에피소드에 절절한 남녀간의 사랑이 등장하는 것도 그렇다. 이 세상에서 이루지 못한 사랑을 저 세상에서 이룬다거나, 이승과 저승 사이의 운명을 뛰어넘는 절절한 사랑 이야기도 있다. 생각해보면 우스운 일이다. 당대에 누구도 하지 못한 선비로서의 절개와 의분을 떨치고 세상을 등져서 승려가 된 사람이 기껏 천상과 지하와 용궁을 오가는 황당한 러브 스토리를 여러 편 지어서 책으로 엮어냈다는 것이다. 인문학 대가가 하이틴 로맨스 소설을 쓰고 있는 셈이다.

그가 평생 써온 수천 편의 시들은 대체로 비관적이고, 염세적인 신세 한탄인 경우가 많다. 아무리 '호탕한 유람'이라고 했지만, 그의 주된 정조는 가는 곳마다 탄식이요, 울분이다. 서너 살 무렵부터 신동 소리를 듣던 천재 하나가 20대 초입부터 처절히 꺾여서 울고, 웃고, 중얼거리며 전국을 방황하다 보니 그의 글과 행로에는 그런 회한의 감정이 숨김 없이 뿜어져 나온다. 그런 한탄의 정서에 비하면 <금오신화>는 좀 난데없다. 남녀간 애틋한 사랑 이야기도 절절하고, 농담이 늘었고, 웃음이 여기저기에 깔려 있다. 그의 삶에 찾아온 감정적 이완기라고나 할까? 실없는 이야기를 열심히 지어볼 만큼 시간이 여유로웠던 걸까? 각 이야기에 등장하는 남녀가 주고받는 대화는 죄다 고전을 인용하여 창작한 시다. 옛사람들은 연모하는 감정을 이렇게 품격 있게 드러내며 밀당을 했던 것인가 슬며시 웃음이 날 정도다.

여행자의 전형

김시습은 경주를 찾아온 여행자의 한 전형을 보여준다. 그는 자기 삶을 부여잡고 있는 질문이 쉽게 해소되지 않을 것을 안다. 그는 이를 여행으로 풀어가는 중이다. 이미 그는 여러 유명한 곳을 다녔고, 높은 안목과 취향의 소유자이다. 그가 늘 새롭고 진기한 것 만을 찾아다니는 관광객이라면 경주는 찰나의 호기심 이상을 넘어서기 어렵다. 그러나 관광이 외부의 풍광을 즐기며 몸과 마음을 위로하는 행위라면, 여행은 내면의 물음과 갈망을 따라 몸과 마음을 움직이는 행위라고 규정해 볼 수 있겠다. 여행에서 중요한 것은 자신의 호흡과 질문을 자각하는 것이다. 마음이 동행하지 않으면 천 리를 돌아다녔더라도 한 치도 나아가지 못한 것일 터다.

김시습의 고단한 방랑은 경주에 머무는 것으로 끝나지는 않았다. 그는 이후에 서울로 올라갔고, 자기 인생을 위한 몇 가지 시도를 했다가 성공하지 못한 채 생을 마감했다. 그러나, 그가 경주에 머문 시간은 매월당의 세월 중 단연 돋보인다. 그는 여기서 소박한 삶을 살고, 가끔씩 사람들을 만나고, 역사의 무게와 의미를 되씹고, 편안해진 마음으로 글을 썼다. 시대가 휩쓸고 지나가서 삶이 망가진 사람, 자기 삶과 화해하지 못한 사람, 세상을 등지고 나서 산다는 것의 의미를 다시 묻게 된 사람, 그런 이들이라면 경주에 한번 와 볼 일이다. 휘엉청 달 뜬 밤거리를 후적휘적 걸으며 땅을 보았다가 하늘을 보았다가 하면서 답을 구해볼 일이다. 매월당 김시습이 오백 년 전에 그렇게 경주의 거리를 다녔으리라 나는 확신한다.

09.
인물탐구(3) 거리낌 없는 자유인

소성거사 원효(元曉)

결국 원효로 수렴

처음부터 어렴풋이 눈치채고는 있었다. 그럴 거라고 생각은 했었다. 경주의 인물탐구는 결국 그에게 귀결되게 되어 있다. 원효(元曉, 617-686). 역사에는 가끔 난데없이 등장해서 믿기 힘들 정도의 역사적 모멘텀을 제공하고 사라지는 희한한 존재가 있다. 전후좌우 인과관계의 촘촘한 그물망을 따라 예측 가능한 삶을 보여주는 것이 아니라, 복잡계를 자유롭게 유영하면서 불규칙한 운동 유형을 보여주는데 그것이 전체 계의 생성과 종말 사이에 한 번 정도 있을 놀라운 양상을 발현시키는 독특한 존재가 있다. 물리적으로는 정격이 아닌 파격이고, 미학적으로는 재현 불능, 반복 불가의 독창적 궤적을 남기는 인물이다.

산에 다니고, 절에 들르다 보면 유명 고찰들은 대체로 원효 아니면 의상의 손에 의해 세워졌다거나, 그들이 거쳐갔다거나, 무어라도 작은 연고라도 있으면 알뜰살뜰 안내판에 넣어 놓는 경우가 많았다. 불교 동네에는 무조건 걸쳐 두면 득이 되는 셀럽의 경지에 올라있는 대표적 인물이 원효다. 그는 한국적 사상을 논할 때 항상 첫머리에 꼽히는 인물이다. 누구도 이의를 제기할 수 없을 정도의 수준을 성취했기 때문이다. 기록상 확인이 되는 목록만 80여종 200여권의 저술을 남겼다고 한다. 당시 동아시아권에 누구도 그런 수준에 다다르지 못했다.

물론 우리는 그러하다는 이야기만 들었을 뿐 실제로 그의 기여가 어떤 것인지 음미해 보지는 않는다. 나도 마찬가지다. 해서 몇 해 전부터 그와 관련된 책을 하나씩 사 모으고, 챙겨보고 있다. 겉핥기만 했을 뿐이지만, 나도 이제는 알겠다. 왜 다들 원효, 원효 했는지. 그를 풀면 경주가 풀리고, 신라가 풀리고, 불교가 풀리고, 한국사상이 풀린다. 뿐만 아니라 그의 생애를 들여다 보노라면 신기하게도 누구나 고민해 보고 씨름하게 되는 상황을 먼저 겪으며 남겨놓은 흥미로운 족적이 펼쳐지곤 한다. 스스로 자신의 호를 '원효' 즉 '첫새벽'으로 삼을 만큼 넘쳐나는 자의식을 감출 수 없었던 '거리낌 없는 자유인'이 그였다.

동아시아의 괴물 사상가

원효는 진평왕 39년(617년) 지금의 경북 경산 지역에서 태어났고, 선덕여왕 원년(632년) 16세의 나이로 출가했다. 육두품 출신이었던 그는 진골 출신에 화랑이었던 8살 아래 의상과 평생 친구로 앞서거니 두 서거니 서로를 날카롭게 벼리는 구도의 동반자 관계를 유지했다. 의상은 선덕여왕 12년(643) 19세 나이에 출가했는데, 이 시기는 삼국간에 전쟁이 끊이지 않는 불안한 시기였지만 동시에 신라 불교에서는 놀라운 기운이 솟아오르던 융성기였다. 당나라에 유학 갔던 자장이 7년만에 1,700여권의 불경과 불서를 갖고 신라로 귀국했다. 2년뒤 선덕여왕 14년(645) 자장은 황룡사에 9층 목탑을 조성하자고 제안해서 당시 상황에는 버거운 불사를 야심 차게 시작하고 있었다.

이 때 중국에서는 현장이 인도에서 17년간의 유학을 마치고 엄청난 양의 불경 원서를 갖고 당나라 장안으로 돌아와 유식학파(唯識學派)가 새로운 불교 학풍으로 떠오르고 있었다. 불경의 번역과 이에 대한 해석의 문제가 초기의 관심사로 대두되었다. 신라에는 원광을 비롯 이미 당나라에 수학한 엘리트 승려들이 적지 않게 있었다. 그들이 새로운 경전과 수행방법을 도입하면, 이를 배우고 습득하는 여러 경로들이 형성되어 있었다. 원효와 의상은 이 때 낭지, 보덕, 혜공 등 여러 고승들에게 수학하며 이런 흐름에 깊이 접하고 있었다. 원효와 의상은 직접 당나라로 가서 새로운 흐름을 배우고자 했으나, 고구려를 거치는 경로에서 체포되어 뜻을 이루지 못했고, 되돌아와야만 했다. 원효의 나이 34세 때였다. 원효는 45세 무렵에 다시 당나라 유학에 도전하게 되는데, 오늘날의 남양만 인근에서 배를 타려고 했으나 그 유명한 해골 무덤의 에피소드로 알려진 것처럼 원효는 스스로 크게 각성하면서 당나라 행을 포기하였고, 의상은 예정대로 당나라 유학길에 오르게 된다.

흥미로운 사실은, 흔히 이 때 원효와 의상이 갈라지면서 한 사람은 해외유학파 학승, 한 사람은 국내 민중불교파로 남은 것처럼 생각하기 쉬우나, 사실은 꼭 그렇지는 않았다. 의상은 중국에 도착해서 당나라 화엄종의 제2대조 지엄을 찾아가 그의 수제자로 받아들여졌다. 그는 당나라에서 10년간 지내면서 최고의 교육을 받고, 화엄종의 차세대 대표자로 이름을 떨치게 된다. 특기할 지점은 의상이 자신이 당나라에서 접하는 주요한 서적과 공부하는 내용을 신라의 원효에게 바로바로 보내주었다는 사실이다. 당시 인도의 불경이 대량 유입되고, 이를 한문으로 번역하는 작업이 활발히 진행되면서 정확한 해석과 이를 둘러싼 학승들의 토론이 뜨거웠다. 원효는 거의 시차 없이 중국에서 논의되는 불교의 핵심 논쟁을 접할 수 있었는데, 그는 중국의 주요한 논쟁에 거리낌 없이 개입해 자신의 입장을 제시했고, 그의 독창적 해석은 중국에서 대단한 반향을 불러일으켰다고 한다.

대승불교의 핵심 가르침을 담은 <대승기신론(大乘起信

論)>의 이해에 대해 그가 쓴 <대승기신론소>는 현재까지도 이 책을 이해하는 가장 권위있는 저술로 인정받고 있고, 그가 말년에 쓴 <금강삼매경론소(金剛三昧經論)> 역시 금강삼매경에 관한 한 필독서로 여겨지고 있다. <판비량론(判比量論)>은 인도에서도 쟁점이었던 학술 논쟁을 명쾌히 정돈함으로써 '해동에 부처가 났다'는 찬탄을 들었다. 써내는 족족 주요 논쟁의 물길을 돌려버리는 괴물 같은 사상가로 존재감을 얻게 된 그의 글은 중국을 넘어 중앙아시아로, 인도로, 일본으로 유통되어 읽혔다. 중국이나 일본의 관리들이 신라에 오는 길이면 꼭 원효를 만나 대화를 나누거나 글을 받아가고 싶어 안달했다고 한다. 오늘날의 관점에서 보아도 대단한 글로벌 학술교류의 사례인데, 이런 일이 1500년 전에 버젓이 이루어지고 있었다는 점이 놀라울 따름이다. 원효는 신라에 앉아서 동아시아 전체의 현안인 지적 주제를 토론하고 이끌어가는 사상적 거인이었다.

의상은 신라가 당나라의 힘을 빌어 삼국통일을 하고, 다시 고구려와 백제의 유민을 모아 당나라와 대립하던 복잡다단한 위기의 시대였던 문무왕 11년(671)에 신라의 간곡한 요청으로 귀국한다. 자칫 나라의 운명이 어디로 갈 지 알 수 없던 시절에 그는 불교가 국가종교로 체계를 세워 나가는 일에 전면에 선다. 그는 영주 부석사를 비롯 동해 낙산사, 부산 범어사, 구례 화엄사 등 지금도 화엄십찰로 유명한 전국 주요 사찰을 대대적으로 창건했고, 해인사 등을 거점으로 주요 사찰과 제자군을 조직하고 화엄사상을 체계적으로 확산시켜서 신라불교, 더 나아가 한국불교의 역사에 지울 수 없는 큰 족적을 남긴다. 반면 원효는 불교 경전의 연구와 사상을 풀어내는 탁월한 통찰로 동아시아권을 아우르는 고승의 대우를 당대에 받으면서도, 어떤 제자도 조직도 남기지 않고 단독자로 다니며 숱한 기행으로 가득한 민중불교적 행적을 보였다. 원효 이전에도 혜숙, 혜공, 대안 등 저잣거리에서 술도 마시고, 노래도 부르며, 파계승 같은 행적을 보인 이들은 있었다. 그러나, 누구도 원효처럼 동아시아권을 아우르는 불교사상가이자 신라인들의 일상세계에 깊이 스며들어 영향력을 행사한 이는 없었다. '나무아미타불(南無阿彌陀佛)' 즉, '아미타 부처에게 귀의합니다'란 염불을 만든 이가 원효라고 한다. 이는 아미타불을 중시하는 내세신앙을 강조한 것인데, 현세구복적 측면을 중요시했던 의상은 여기에 '나무관세음보살'을 덧붙여, '관세음보살에게 귀의합니다'를 같이 외게 하였다고 한다.

"천촌만락에서 노래하고 춤추며 교화하고 음영하여 돌아오니 가난하고 무지몽매한 무리들까지도 모두 부처의 호를 알게 되었고, 모두 나무를 칭하게 되었으니 원효의 법화가 컸다"

<삼국유사> 원효불기 중)

원효는 왕의 요청으로 황룡사에서 열린 법회에서 수많은 대중들 앞에서 <금강삼매경>을 강론하기도 했는데, 동시에 여러 마을에서 신기한 이적을 행하면서 포교를 했다는 내용도 등장한다. 그는 가장 고급한 사상적 논의와 가장 적나라한 세속의 난장을 거리낌 없이 드나들 수 있었던 존재였다. 그와 관련해서 전하는 이야기들은 자주 전복적이고, 해학적인 내용들로 가득하다. 그는 천상 조직과 체계에 대이지 않는, 안팎을 무시로 넘나들었던 자유인이었다.

요석공주와 파계승

그의 생애에서 가장 유명하고 흥미로운 사건은 <삼국유사>에서 전하는 요석공주에게서 설총을 낳은 일일 것이다. 하루는 원효가 "누가 자루 빠진 도끼를 내게 주려나. 내가 하늘을 떠받칠 기둥을 찍어볼 텐데."란 노래를 부르고 다닌다는 소문이 떠돌았다. 태종무열왕이 이를 듣고, 원효가 자식을 낳고 싶은 마음이 있다고 여겨 사별하고 혼자 사는 요석공주와 이어줄 생각을 했다고 한다. 이에 남산자락에 있던 원효에게 전갈을 보냈는데, 이미 원효는 남산에서 왕궁으로 들어오는 다리를 건너오다가 일부러 물에 빠져 옷이 다 젖은 상태였다고 한다. 그를 인근에 있던 궁으로 들여 요석공주의 거처에서 몇 날을 지냈고, 이 둘 사이에 태어난 아들이 신라의 최고 문필가 중 하나이자 이두를 만든 설총이라는 내용이다.

흥미로운 것은 이후 원효는 계율을 어겼다고 스스로 파계하고 소성거사(小性居士)로 칭하며 스님이 아닌 처사로 살았다고 한다. 이 사건은 또 다른 질문으로 이어지는데, 이 일이 대체 언제 벌어졌느냐는 것이다. <삼국유사>는 이 일이 태종무열왕 시기라고 못 박고 있다. 그렇다면, 이는 원효가 45세에 두번째 당나라 유학을 시도하기 불과 수년 전이 된다. 이 시간표가 맞다면, 원효는 신라에서 이미 유명한 학승으로 존경받던 시절에 요석공주를 만났다는 이야기가 되고, 스스로 환속해서 처사로 살기로 결정한 상태에서 두번째 당나라 유학 시도가 있었고, 거기서 큰 깨우침을 얻고 이후 국내에서 당나라의 불교 논쟁에 참여하고, 저잣거리에서는 이적과 기행을 일삼으며 민중불교적 가르침을 펼쳤다는 이야기다. 원효 대사가 아니라 원효 처사가 우리가 알고 있는 대부분의 큰 업적을 이루던 시기의 신분이었다고 보는 것이 맞다.

나는 이 이야기를 남녀 여러 사람들과 나누어 보았는데, 다들 생경해했다. 요석공주와의 염문을 대부분 말년의 사건으로, 즉 인생의 큰 과제를 다 달성한 이후에 있었던 인생 후일담으로 간주하는 것을 자연스러워했고, 그 시간표가 흐트러지는 것을 매우 당혹스럽게 여겼다. 45세 이전, 원효의 위상이 이미 높았던 것 같기는 하지만 혈기방장하고 야심만만한 천재 종교사상가의 한 때 일탈이라 볼 것인가, 이미 깨달음의 경지가 높고 무애자재한 기행을 선보이던 그이기에 이런 일도 흠집을 잡기보다는 원효스러움의 한 발현으로 볼 수 있다고 할 것인가?

원효가 스스로 파계했다는 것으로 보아서 신라시대에도 그런 행동이 규범적으로 받아들여지던 것 같지는 않다. 그러나 어찌 되었든 원효는 45세 이후 동아시아 전체의 사상가로 자기 존재감을 대대적으로 확장하였고, 공부의 폭과 깊이에도 괄목할 진보가 있었고, 대중들을 향한 포교활동의 폭에도 거침이 없었다. 심지어 10년후에는 자신의 영혼의 도반 의상이 국가 전체의 불교체제를 재편하는 일을 진두지휘하는 역할로 귀국을 한 마당이니 행동반경이 더 넓어질 수 있는 상황이었다. 왕의 요청으로 황룡사에서 <금강삼매경>을 강론하기도 했다. 그의 이후 행로에 요석공주 사건, 아니 그가 대사가 아니라 처사라는 신분이 걸림돌이 된 흔적은 찾아보기 어렵다.

그런 상황이 원효에 대해서 말해주는 것은 무엇인지, 신라 사회에 대해 말해주는 것은, 혹은 역사의 기록이란 것에 대해서 말해주는 것은 무엇인지 등 여러 층위에서 생각해 보아야 할 질문이 제기된다. 그리고, 태종무열왕의 원모심려, 원효의 모종의 계획, 설총이란 탁월한 자식의 존재 등으로 인해 가려진, 남겨진 기록의 행간 속으로 지워진 요석공주의 욕망과 목소리는 어떤 것이었을지도 복원해 보아야 하지 않을까 싶다. 하나의 흥미로운 이야기는 우리에게 늘 여러가지 질문을 던지고, 생각하도록 자극한다. 원효의 인생은 이런 예사롭지 않은 이야기로 가득했다.

경주를 찾을 이유

원효는 70세에 입적했고, 설총이 유해로 그의 상을 만들어 분황사에 모셔 두었다고 한다. 현재로서는 황룡사지 옆의 분황사가 원효의 흔적이 가장 짙게 드리운 공간이다. 경주 남산 용장골로 흘러 들어왔던 매월당 김시습은 '설잠'이란 법명을 갖고 있었던 스님이기도 했다. 김시습은 경주에 있을 때 분황사를 찾아 원효의 일대기를 새겨본 흔적을 시로 남겼다. 과연 그는 어떤 원효를 떠올렸으며, 어떤 원효에 이끌렸을까. 평생 전국을 방랑한 여행자 김시습과 신라를 떠나지 않았으나 동아시아 전체와 교감했던 원효는 묘하게 대비되면서도 잘 어울린다.

사람의 일대기를 좇아 경주를 탐색해 들어가는 것은 절과 탑과 불상으로 경주를 파악하는 것과는 다른 일이다. 우리가 어떤 장소에 의미를 두고 찾아와서, 그 장소에 오랜 세월 층층이 포개진 이야기를 상기할 때, 우리는 그 행간에서 결국 사람들의 이야기를 읽어낸다. 물론 모든 독해(讀解)는 오독(誤讀)일 수밖에 없다. 나는 경주 읽기에 이런 저런 얼굴을 포개고, 그들의 일대기를 얹어서, 그림을 그려보고, 글을 써보는 작업을 수행했다. 그 와중에 나는 몇 사람의 얼굴을 마주하게 되었고, 그 얼굴들이 어렴풋이 어딘가로 수렴한다는 인상을 받았다. 이것은 분명 피치못할 오독의 위험을 포함하고 있을 것이다. 그러나 어쩔 수 없다 나의 경주 읽기는 도리 없이 원효로 수렴하고 있고, 그 원형에 도달하려면 아직도 가볼 길이 멀다. 왕과 장군과 귀족의 역사가 아닌 방식으로 경주의 이야기를 읽어보고 싶다는 욕망에 포착된 기이한 선택의 결과물이 수운 최제우와 매월당 김시습과 원효였다. 경주가 달리 보였고, 삶이 달리 보였다. 그리고 그것이 내게는 좋았다. 당신에게도 좋았기를 바란다.

<낭만 경주> 글쓰기에 참고한 자료

경주

강석경, <이 고도를 사랑한다: 2004-2014>(난다, 2014).

강석경, <능으로 가는 길>(창비, 2000).

"특집: 경주 남산, 신라의 시작과 끝" <불광(vol. 571)> 2022년 5월호.

이남호 엮음, <박목월 시 선집>(민음사, 2003).

조철제, <경주, 한시로 읽다> (학연문화사, 2021).

경주 역사

국립경주박물관 도록, <조선시대의 경주>(국립경주박물관, 2013)

서해숙, <한국 성씨의 기원과 신화>(민속원, 2005)

정규홍, <우리 문화재 수난사: 일제기 문화재 약탈과 유린>(학연문화사, 2005).

최부식, <일제 강점기 그들의 경주, 우리의 경주>(경주문화원, 2018).

한국교회여성연합회, <기생관광: 전국 4개 지역 실태조사 보고서>(1983).

한철호, 하라다 게이치, 김신재, 오타 오사무, <식민지 조선의 일상을 묻다>(동국대학교 출판부, 2013)

삼국유사

고운기, <도쿠가와가 사랑한 책>(현암사, 2009).

고운기, <삼국유사 글쓰기 감각>(현암사, 2010).

일연 (김원중 옮김), <삼국유사>(을유문화사, 2002).

일연 (리상호 옮김, 강운구 사진), <사진과 함께 읽는 삼국유사>(까치, 1999).

최제우/ 최시형

백승종, <동학에서 미래를 배운다>(들녘, 2019).

윤석산, <동학교조 수운 최제우>(모시는사람들, 2004).

윤석산, <일하는 한울님: 해월 최시형의 삶과 사상>(모시는사람들, 2014).

이이화 외, <경상도 대구 동학농민혁명>(모시는사람들, 2015).

장재진, <근대 동아시아의 종교다원주의와 유토피아>(산지니, 2016).

최제우 (윤석산 옮김), <동경대전>(모시는사람들, 2014).

김시습

김시습 (이지하 옮김), <금오신화>(민음사 2009).

김시습 (허경진 옮김), <매월당 김시습 시선>(평민사, 2019).

심경호, <김시습 평전>(돌베개, 2003).

원효

박태원, <원효: 하나로 만나는 길을 열다>(한길사, 2012).

은정희, <대승기신론 강의>(예문서원, 2008).

낭만경주

지은이 | 해리

초판 발행일 | 2022년 11월 29일

표지 일러스트 | 이민원(Minwon Studio)

펴낸이 | 양희송
펴낸곳 | 해리하우스
출판사등록 | 제2020-000011호(2020.07.03)
주 소 | 경상북도경주시동성로7, 보우206동301호
전 화 | 070-7677-7180
이메일 | harryhouse134@gmail.com
인스타그램 | @harryhouse134
네이버 스마트스토어 | harryhouse134

ISBN | 979-11-980523-0-8 (03980)

ⓒ 해리 2022

이 책은 저작권법의 보호를 받는 저작물이므로 무단 전재와 복제를 금합니다.